追溯古文明

才学世界　主编：崔钟雷

吉林美术出版社｜全国百佳图书出版单位

图书在版编目（CIP）数据

追溯古文明/崔钟雷主编.—长春：吉林美术出版社，2010.9（2022.9重印）

（才学世界）

ISBN 978 – 7 – 5386 – 4693 – 1

Ⅰ.①追… Ⅱ.①崔… Ⅲ.①世界史：古代史：文化史－青少年读物 Ⅳ.①K12 –49

中国版本图书馆 CIP 数据核字（2010）第 174198 号

追溯古文明

ZHUISU GUWENMING

主　　编	崔钟雷
副 主 编	刘志远　芦　岩　杨亚男
出 版 人	赵国强
责任编辑	栾　云
开　　本	787mm×1092mm　1/16
字　　数	120 千字
印　　张	9
版　　次	2010 年 9 月第 1 版
印　　次	2022 年 9 月第 4 次印刷

出版发行　吉林美术出版社
地　　址　长春市净月开发区福祉大路5788号
　　　　　邮编：130118
网　　址　www.jlmspress.com
印　　刷　北京一鑫印务有限责任公司

ISBN 978 – 7 – 5386 – 4693 – 1　　定价：38.00 元

前　言
foreword

　　智慧在文明中孕育，文明在历史中造就。从刀耕火种到文字的产生，从图腾崇拜到国家的建立，先祖们用勤劳的双手创造出一个又一个辉煌的文明和不朽的传奇。伴随着时间的推移，这些曾经灿烂的文明或已消逝，或湮没于黄沙泥土之下，但也有一些依旧挺立在岁月的风雨之中，闪耀着光芒。它们如同里程碑一般记录着人类文明的发展。人们在创造新文明的同时，也在不断追寻那些早已消失的古文明，希望将它们昔日的辉煌重现人间。

　　本书搜集并整理了人类社会发展中极具代表性的历史文化阶段，包括了亚洲文明、欧洲文明、非洲文明和美洲文明四个部分。同时书中附有大量精美的图片，使读者能够更好地了解古代文明的伟大与神奇。绵延的万里长城；雄伟的古罗马斗兽场；神秘莫测的金字塔；宏大的库斯科古城……这些不朽的丰碑，仿佛古代先民们创造奇迹时的场面再现于人们的眼前。探索人类文明遗迹，弘扬人类文化遗产是本书的宗旨。

　　历史是厚重的，可以使我们的内心更加充实；历史是深刻的，可以使我们豁然警醒；历史也是欢快的，融入其中可以使我们的生命节拍与时代一起律动。愿与所有渴望了解历史、见证历史的读者朋友们共勉。

编　者

目录

文明的总述 ·· 1

亚洲文明

源远流长的华夏文明 ······························ 4

　华夏文明的源起 ···································· 4
　刀耕火种的原始社会 ······························ 5
　原始社会时期的文明 ······························ 5
　文明渐兴的奴隶社会 ······························ 6

影响深远的印度文明 ······························ 11

　古印度文明形成的自然环境 ···················· 11
　印度王朝的更迭 ···································· 13

辉煌灿烂的两河文明 ······························ 32

　两河文明的历史及文化 ··························· 34
　美索不达米亚文明 ················· 35
　古巴比伦的文学、艺术与科技 ··· 41

欧洲文明

魅力四射的古希腊文明 ··········· 54

　古希腊文明简介 ····················· 54
　文明兴起的时代——荷马时代 ··· 55
　古希腊文明的盛期 ················· 57
　希腊化时代的希腊文明 ············ 62
　古希腊戏剧 ··························· 71

CONTENTS

    古希腊雕塑、建筑和艺术 …………… 72

绚丽缤纷的古罗马文明 …………… 74

    古罗马文明的兴起与发展 ………… 75
    鼎盛时期的罗马 ………………………… 77
    古罗马的文学 …………………………… 86

非洲文明

璀璨夺目的古埃及文明 ……………… 94

    埃及的兴起及其发展历程 ………… 96
    光芒万丈的古埃及文明 …………… 98
    古埃及文明的丰碑 ………………… 102
    古埃及的宗教 ……………………… 108
    世间伟大的建筑 …………………… 109

美洲文明

神秘而发达的玛雅文明 …………… 120

    高度发达的玛雅文明 ……………… 120
    玛雅人的历史及其文化艺术 …… 121
    玛雅文明神秘消亡 ………………… 130

兴盛时期的阿兹特克文明 ………… 133

    阿兹特克文明简介 ………………… 133
    阿兹特克文化 ……………………… 134

追溯古文明
文明的总述

文明的内涵是增进文化创造的社会秩序。经济供应、政治组织、伦理传统、知识与艺术的追求是其构成的四大因素。动乱在某种程度上会触发新文明的萌动,而动乱的终结,就是新文明崭新的起点。当人们不再恐惧,好奇心与创造力不再受约束时,自然会产生了解生活、改善生活的渴望。

形成文明的先决条件很多,它们可能促进文明的发展,也可能阻碍文明的进步。首先就是地质条件。文明在冰河时代的中间期形成:汹涌而来的冰河融化的水流,夹杂着硬石坚冰,毁坏了人们的劳动成果,使人们的生存空间被局限于地球一隅。人们建立了城镇,然而可怕的地震又可能施展它的淫威,将人类的家园无情地吞噬。因此,适宜的地质条件是一个文明存在和发展的必要前提。

巍峨的长城是中华文明留下的伟大作品

其次是地理条件。热带的炎热天气和茂密的寄生植物都会阻碍文明的发展。疾病、饥饿、死亡……都会使人类的文明处于停滞状态。水是生活的必需品,雨水则是比日光更重要的自然资源。自然界无常的变化可能会使一度繁荣的王国沦为废墟,也可能使一些默默无名的、落后的城镇,迅速强盛与富庶。如果土壤肥沃则适于种植粮食与谷物,如果河流交错,则沿海就会建造很多便于船舶停靠的良港。

追溯古文明

人们建造庙宇、宫殿等充实生活，为进入文明社会构造了物质条件。图为孔庙

虽然仅靠地理条件是不能创造出文明的，但良好的地理条件有利于人们接受先进文化，充实自身文明。

经济条件是文明最重要的物质条件。一个民族即使具有完备的典章制度、崇高的伦理道德，甚至像美洲印第安民族一样对艺术拥有独到的见解，但是假如这个民族只依靠狩猎方式而存在，那么它绝不会从野蛮进化到文明。定居生活成为主流后，人们为了未知的将来要耕作储粮，因此农耕成了一个重要的文化形式，为人类由野蛮进入文明提供了必要的物质保障。于是，人类开始建筑房舍、庙宇和学校，豢养狗、驴、猪等家畜来充实生活。人们还发明生产工具，学习和总结工作的方法与程序以提高生产效率，并将祖先的精神与传统进行充实和完善后，传承给下一代。

农耕业为文明的发展提供了物质保障，文明的发展又促进了城市的发展。一方面，文明是礼仪的习惯；另一方面，礼仪又是市民们表现在言谈与思想上的高尚气质。不可否认，虽然财富与智慧聚集在城市，但它们却主要产生于乡村。城市中，工商业的兴起使物质与精神生活更为完美。商人间频繁接触，交换了货物与意见；频繁的交易，在双方心智较量下，又激发了人们的创造力。在城市里，有一些人从未参与实物的制造，却创造了科学与哲学，文学与艺术。文明在农舍播种，但却常常在城市中开花。

民族不是对文明的限制，文明可产生于任何大陆和任何肤色人种中。无论是在北京、马德里、古埃及的孟菲斯城，还是在巴比伦、罗马，或是在伦敦、秘鲁，抑或在中美洲的尤卡坦半岛，伟大的民族创造了伟大的文明，伟大的文明又创造了伟大的民族。文明史就是这样向前发展的。不管英国人身居何处，他们身上所蕴含的不列颠文明都会对当地人产生影响，而同时英国人也会不自觉地受到当地文明的熏染。如果给某一民族与另一民族相似的物质条件，则这个民族也可能会有类似的文明成果。文明与民族，在这个意义上，由不同的世系交相婚配，而有所关联，并且逐渐同化而成为同种的民族。

追溯古文明
亚洲文明

追溯古文明

源远流长的华夏文明

华夏大地幅员辽阔，在这片土地上曾出现了若干既相互联系又相区别的区域文化，它们最终凝聚成了多元一体的华夏文明。数千年来，尽管危机迭现，但华夏文明的传承却一直延绵不绝，正是这异乎寻常的凝聚力，赋予了中华民族经久不衰的生命力。

华夏文明的源起

一个文明的兴起，有很多的因素和条件，其对后世文化影响最为深远的是各民族口耳相传的神话。由于古代生产力水平很低，人们不能科学地解释世界起源、自然现象及社会生活的矛盾、变化，于是人们借助幻想，把自然力拟人化，神话就此产生。神话往往表现了古代人民对自然的斗争和对理想的追求，反映出古代人民对世界起源、自然现象及社会生活的原始理解，并通过超自然的形象和幻想的形式来表现的故事和传说。神话通过各种自然神和神化的英雄人物，来对某种自然和社会现象进行解释。有的神话表达了先民征服自然、变革社会的愿望。而且远古人民也通过神话故事，来表达他们在对未知世界认识中的种种不安情绪。中国神话数量

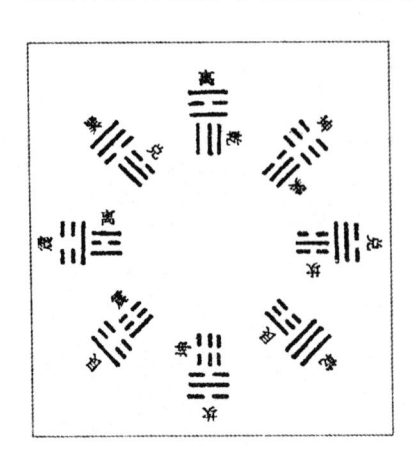

伏羲八卦

极其丰富,许多神话保存在古代著作中。如《山海经》《淮南子》等著作。

刀耕火种的原始社会

原始社会主要以亲族关系为基础,人口比较少,经济生活采取平均分配原则。这一时期的生产力水平很低,有些以狩猎和采集经济为主,也有些以渔业为主,还有的以简单的自然农业为主,生产工具也很粗糙。原

原始社会所使用的石器工具

始社会经历了旧石器时代和新石器时代。到新石器时代末期,人类开始使用天然金属,后来逐渐学会了制作纯铜器。但是由于纯铜器没有石器坚硬,从而无法取代石器,所以这一时期亦称为金石并用时代。到了公元前 3000 年—前 2000 年,人类学会了制造青铜,进入了青铜时代。到了公元前 1000 年到公元初年,随着铁器的使用,人类进入了铁器时代。原始社会从这时开始解体,同时这一时期也是阶级社会形成的时期。

在铁器时代,生产力有了较大程度的发展,出现了三次社会大分工。此时农业和畜牧业在生产中的地位有所提升,男性逐渐取代女性在社会中占主导地位,父系氏族公社也随之产生。在父系氏族公社中,实行父系财产继承制。随着生产力的发展,人们的产品出现了剩余,个体劳动逐渐取代集体劳动,私有制随之出现,阶级也应运而生。氏族中出现了贵族阶层和平民阶层。到了父系氏族公社末期,以血缘关系结成的氏族逐渐解体,按地域划分的农村公社诞生了。此时,原始社会基本瓦解,不同阶级之间出现了矛盾,阶级统治的工具——国家随之诞生。原始社会解体后进入了奴隶社会。

原始社会时期的文明

在原始社会时期,人类创造了象形文字,出现艺术这种特殊的文化形式,产生了原始的宗教和图腾崇拜。原始社会主要由原始人群和氏族公社两个时期组成。而氏族公社同样经历了母系氏族公社和父系氏族公社两个发展阶段。我国的原始社会起源于约一百七十万年前的元谋人时期,止步于公元前 21 世纪的夏王朝。元谋人是我国目前可

追溯古文明

以查证的最早的人类,而北京人又是原始人群时期的典型代表。而山顶洞人是处于氏族公社的阶段。长江流域的河姆渡氏族和黄河流域的半坡氏族所处的时期是母系氏族公社最繁荣的时期。大汶口文化的中、晚期代表了父系氏族公社的发展状况。传说中,在五千多年前,黄帝是生活在黄河流域原始部落的部落联盟的首领。在他的领导下,部落联盟逐渐强大。黄帝曾率领自己的部落联盟打败了南方的蚩尤部落和黄河上游的炎帝部落。后来,炎帝部落和黄帝部落结成联盟,在黄河流域繁衍生息,构成了华夏族的雏形。黄帝则被人们尊奉为华夏族的祖先,把中华民族的子民称为炎黄子孙。黄帝之后,先后由尧、舜、禹担任黄河流域部落联盟的首领,他们都取得了杰出的成就。

文明渐兴的奴隶社会

禹取得中原部落联盟的首领地位之后,渐渐开始培植自己的势力,这是因为禹在长期治水和进行掠夺战争中,形成了绝对权力和威望,也由此使其家族成为氏族部落中最强大的显贵。这就为启夺取政权,建立夏朝奠定了基础。公元前21世纪,启建立夏朝,开创了"家天下"的历史,他开创的王位传子制度被后世统治阶级继承下来。夏启为了巩固自己的地位,便把王权与神权结合起来,并逐渐产生了一个主宰一切的最高神。夏朝的王位世袭制、分封制等一系列政治制度,对我国历代王朝都有着巨大的影响。

夏启建立的夏朝(约公元前2070年—前1600年),是我国史书记载的第一个世袭王朝,也是我国历史上的第一个奴隶制国家,是中国奴隶社会的开端。夏王朝历时约五百年,共传14代历17个王。夏朝的建立标志着"家天下"传统的形成。

东巴文化象形文字

亚洲文明

夏王朝在经济文化上的发展，尤其是在农业生产、铸铜技术、天文历法等方面的进步都对后世有很大影响。为了适应农业生产的需要，探索出农事季节的规律，现代仍在沿用的、被称为夏历的农历就是在这个时代发明的。铸铜业是夏朝新兴的重要手工业，人们已经在二里头文化遗址中发现了铜刀。近现代以来，河南省偃师县二里头村遗址中大型宫殿、墓葬，以及许多青铜器的出土，则从一个侧面揭示了作为奴隶制晚期部落联盟的夏国，其政治、经济及社会文化、生活等各方面的情况。

夏朝铜器

此外，制陶业在夏代可能已经成为一个独立而重要的行业了，在夏朝的出土文物中已经有了陶器就是最好的证明。

夏朝最后一位王夏桀暴虐无道，商汤带领商部落打败了桀，灭了夏朝。商朝随之建立。

作为我国历史上第二个重要朝代，商朝大约从公元前17世纪到公元前11世纪，共延续了约六百年的时间。商朝处于奴隶制的鼎盛时期。作为统治阶级，商朝奴隶主贵族形成了庞大的官僚统治机构和军队。

最初，商汤建都亳（今河南商丘附近），后来多次迁都。盘庚在位时，迁都至殷（今河南安阳小屯村），因此历史上也称商王朝为殷朝或殷商。武丁在位时，大力革新政治，同时不断扩张势力，使商王朝空前强大起来。据考古发掘证明，商王朝的政治势力和文化影响力远远超过夏朝，南越长江，北达辽西，西抵陕西。

在商代，民间的音乐和宫廷的音乐，都有长足的进步。由于商代农、牧、手工业等各方面的发展水平非常高，同时乐器的制作水平有了巨大的飞跃，出现了大量精美豪华的乐器。乐舞是宫廷音乐的主要形式。相传，大臣伊尹曾创作了许多乐谱，《周易·归妹上六》和《易·屯六二》就是商代民歌的代表。

在商代，甲骨文已经是一种成熟的文字，兼有象形、会意、形声、假借、指事等多种造字方法。甲骨文因刻写材料坚硬，故字体为方形。

在商代，手工业全部由官府管理，具有分工细、规模大、产量高、种类多等特点，而青铜器的铸造技术更是发展到了高峰，在河南安阳出土的司母戊大方鼎，形制雄伟，工艺高超；湖南宁乡出土的四羊方尊，技艺精湛，它们都是商代青铜器的代表之作。青铜器成为商代文明的象征。不仅如此，商朝人还发明了原始的瓷器技术，洁白细腻的白陶颇具水平。造型逼真、刻工精细的玉石器表现了商代玉石制造业的高超技艺。丝织技术也很发达，商代人已经掌握了先进的提花技术。

商代历法已经有了大小月之分，规定366天为一个周期，并用年终置闰来调整朔望月和回归年的长度。商代甲骨文中有多次关于日食、月食和新星的记录。

商代最后一位国君纣王性情残暴，昏庸腐败，他建造"酒池肉林"，使用酷刑。纣王的残暴激起了越来越多大臣和诸侯的不满，很多人都站出来反对纣王，但这些人都先后遭到了迫害。这一时期，周部落在周文王的治理下越来越强盛。周文王死后，他的儿子姬发即位，就是周武王。周武王拜姜太公（姜尚）为师，继续整顿内政，扩

殷墟中发掘出的殷代车马坑

充兵力，准备讨伐商纣王。

大约在公元前11世纪，武王发兵5万，以姜尚为元帅，渡过黄河东进。周武王又在孟津举行一次誓师大会，宣布了纣王残害人民的种种罪状，鼓励大家同心协力，开始伐纣的战争。

周武王的伐纣大军深得民心，一路上势如破竹，很快就打到了离朝歌仅35千米的牧野（今河南淇县西南）。

商代甲骨文

纣王听到这个消息，立刻调兵遣将，拼凑了70万人马，由他亲自率领，到牧野迎战。

可是，那70万人马有一大半是临时武装起来的奴隶和从东夷抓来的俘虏。他们平日受尽纣王的压迫和虐待，积存了极深的怨恨，谁也不想为他卖命。在牧野战场上，当周军勇猛进攻的时候，他们就掉转矛头，纷纷倒戈。纣王见大势已去，只好逃回朝歌。当夜，在鹿台自焚而死。

周武王灭了商朝，把国都从丰搬到镐京（今陕西西安市西），建立了周王朝。

周朝分为西周和东周。西周从公元前11世纪到公元前771年；东周自公元前770年到公元前256年。周朝共延续约八百年的时间，分为西周和东周两个时期。西周建都镐京，到公元前771年结束。公元前770年，周平王迁都洛邑（今河南洛阳），东周的历史开始了。周王室和各诸侯国的统治范围包括今黄河、长江流域和东北、华北的大部。

自从周平王东迁之后，周王室势力衰落，强大的诸侯国不断地发动兼并战争，出现了诸侯争霸的局面。相继出现了齐桓公、晋文公、秦穆公、楚

庄王、宋襄公等霸主，史称"春秋五霸"。诸侯争战改变了西周时期小国分立的政治格局，实现了局部地区的统一，同时也打破了各族之间的地域界限，促进了各族人民之间的交往与融合，为后来的全国统一奠定了基础。

战国时期，各国普遍实行变法，其中最早的是魏国的李悝变法，成效最大的是秦国的商鞅变法。商鞅变法使秦国一跃成为当时最强大的国家。其他六国为了共同对抗秦国，建立了政治联盟，称为"合纵"。秦国为了拆散六国联盟，采用了远交近攻的策略，这种政治策略被称为"连横"。

从公元前230年，秦王嬴政凭借强大的武力，先后消灭了魏、楚、燕、赵、齐、韩六国，至公元前221年实现了全国统一，建立了统一的封建王朝——秦朝。

追溯古文明
影响深远的印度文明

在古老的印度河与恒河流域，孕育了灿烂的古印度文明。作为人类古文明之一的古印度文明，经历了朝代的更迭、列强的侵略，千年的风雨没有冲淡其文明的光芒。昔日辉煌的哈拉巴文化、强大的孔雀帝国、宏伟壮观的泰姬陵……都在诉说着那段让人难以忘怀的历史。

古印度文明形成的自然环境

印度这一名词源于印度河，梵文曰"信度"（Sindhu），意为海洋、江河。在古代，印度指的是一个地理概念，而不是一个国家的名字。古印度包括现在的印度、巴基斯坦、孟加拉、尼泊尔和不丹等国领土在内的整个印度次大陆。印度次大陆总面积约四百三十万平方千米，位于亚洲南部。印度是一个形状像不规则的倒三角形的半岛，有人形象地将印度比喻成一只硕大无比的牛乳，并将有"印度洋上的明珠"之称的斯里兰卡比喻为从这只牛乳中流出的一滴乳汁。辉煌的古印度文明正是由硕乳和乳汁孕育而成的。

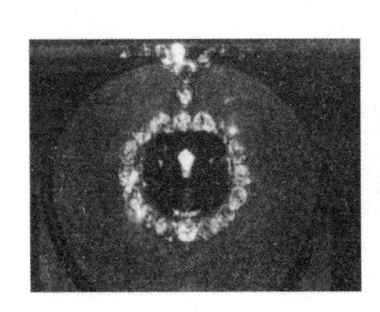

以温德亚山脉和纳巴达河为界，可将印度次大陆分为南北两个区域。水是生命之源，没有水便没有生命，更不会有人类文明，因此人类文明离不开水，古印度文明当然也不例外。印度北部有印度河和恒河两条大河。印度河发源于冈比斯山以西，全长约二千九百千米，

追溯古文明

流域面积达 96 万平方千米，最终流入阿拉伯海。印度河流域是印度古代文明的源泉。发源于喜马拉雅山南麓的恒河，全长约二千五百八十千米，最后流入孟加拉湾，它所流经的地方形成了世界上最大的三角洲之一——恒河三角洲。在印度河和恒河流经的地域都形成了肥沃的冲击平原。辉煌的印度河文明和恒河文明相继产生，使这里成为古代印度的政治、经济和文化中心。印度次大陆南部是一个以德干高原为主体的三角形半岛。德干高原的地势西高东低，平均高度为海拔 600 米。东高止山和西高止山在大陆南部沿东西海岸蔓延。沿海地区气候潮湿，土地肥沃。平原和河谷盆地辽阔，可耕种的土地面积很大，是印度次大陆的地形特点，为发展农业提供了优越的自然条件。

印度北部为喜马拉雅山脉南麓，与中国接壤

印度次大陆北部为热带和亚热带干旱气候，南部为潮湿的热带气候。印度次大陆盛行季风，每年 4 月至 12 月多刮西南季风，11 月至第二年 3 月则多刮东北季风。北部的喜马拉雅山犹如一道屏障，使来自印度洋的季风雨返回并降于恒河流域，因此恒河流域的雨量充沛。印度河流域的雨量相对要小些，但有来自高山的大量雪水流入印度河，因此其水量也很充沛。

印度次大陆资源丰富。这里因有茂密的原始森林而盛产各种木

料。铜矿和铁矿的储量也很大。拉贾斯坦和比哈尔南部的铜矿早在公元前2000年就已被开采。铁矿分布在卡纳塔卡、比哈尔南部等地区。约公元前8世纪,铁器在这里已广泛用于生产。锡矿分布于南部的安德拉地区,而喜马旺特和卡纳塔卡一带则主要盛产金矿和银矿,此外还盛产各种宝石和珍珠。印度次大陆金刚石的产量和质量均位居世界前列。

就是在这样一处广阔富饶之地,古印度文明开始了它的进程。

印度王朝的更迭

雅利安人在公元前3000年—前2000年或更早的时候,分批迁移到印度河流域。他们在那里安定下来后,将活动范围又扩大到东面的恒河流域。

公元前1500年前后,雅利安人开始大规模进入印度次大陆。约公元前1500年—前600年,是印度历史上的吠陀时期,它是古印度文明兴起中不可或缺的一部分,是古印度文明的一个重要阶段。

吠陀时代早期,雅利安人主要分布在北部印度的犍陀罗和旁遮普等地区,没有超出哈拉巴文明的地理范围。他们进入北印度后,与当地土著居民发生了激烈的冲突和战争。

作为游牧民族的雅利安人,与从事农耕的土著居民在生产和生活方式上迥然不同,因此,他们必然会发生冲突。在社会生产力水平方面,雅利安人远远赶不上土著居民。但雅利安人使用战马和战车,作战机动性强,并且其社会组织处于父系氏族阶段,凝聚力较强,而土著居民则多为散居的村落,战斗力远远不及雅利安人。因此雅利安人最终击败了当地土著居民,成为印度河流域的新主人。

到吠陀时代后期,雅利安人开始向东方扩张,直指恒河流域。其路线为:从喜马拉雅山山麓至尼泊尔南部,再向东直至恒河流域。和

追溯古文明

列国时代又被称为早期佛教时代，图为印度国树——菩提树

吠陀时代早期不同，雅利安人是用和平的方式向东扩张的。关于采取和平方式这一点是有据可查的。《百道梵书》说，圣仙乔达摩·罗侯伽让将圣火阿耆尼含在口中的雅利安人毗德伽·摩陀婆咏唱《梨俱吠陀》，当毗德伽·摩陀婆一张口，阿耆尼便滑落而出，向东方滚去，直达婆达尼罗河。乔达摩·罗侯伽和毗德伽·摩陀婆两人一起追到此地后，发现原本十分潮湿不宜居住的婆达尼罗河东岸，经雅利安祭司用祭祀净化后，可以用于居住。但圣火阿耆尼却提示，他们还应向更远的东方进发。阿耆尼是雅利安人的火神，同时还象征着雅利安人的宗教文化。从这个神话传说中，我们可清晰地看出雅利安人向东扩张中，并没有使用武力强迫的迹象。

在公元前1000年前后，以城堡为中心建立的国家在印度次大陆出现了。到公元前6世纪，已经有二十多个国家出现在印度河流域与恒河流域及其周围，其中又以16个大国最为著名，从此古印度史上的列国时代开始了。有关列国时代的史料，主要源自早期佛教和耆那教的文献，其中佛教文献更为重要些，所以列国时代又被称为"早期佛教时代"。

约公元前600年，印度次大陆上的各个部落大多数已经过渡到国家，其中重要的有被佛教文献称为"十六大国"的16个国家。它们是：鸯伽、摩揭陀、迦尸、居萨罗、跋沙、阿般提、居楼、般阇罗、阿湿婆、婆蹉、苏罗婆、乾陀罗和剑浮沙。其中乾陀罗、剑浮沙处在印度河流域的上游，婆蹉在拉贾斯坦，阿般提在温德亚山脉以北，阿湿婆在温德亚山脉以南，其余各国在恒河流域。这意味着恒河流域在雅利安人的不断扩张中，已经取代了印度河流域成为古印度文明的主要活动场所。十六国是指当时那些主要的国家，此外，还有一些向国家转变的部落联盟存在，如释迦族的迦毗罗卫、考利耶国等。因此，十六国只是个概称。这些国家都属

亚洲文明

于具有一定规模，大多以较大城市为政治和经济中心，其版图包括周围农村的区域性国家。

就政体而言，君主制在这些国家中占多数，共和制占少数。共和制国家的首脑经推选产生，这是共和制的主要特点，而且由一个高级议会决定国家重要事务。参加这个会议的成员为刹帝利、婆罗门贵族家族首领。这是一种向君主制转变的过渡性的贵族共和制。随着国家的逐步发展，部落长老和全体成员议会名义还在，但已不起作用了。军队已成为领津贴的常备军，兵种有步兵、骑兵、战车兵和象军。王权神授观念出现，神在赋予国家神性时需要婆罗门的中介作用，而婆罗门又不能缺少国王的布施，这为国王与婆罗门间的结合和互相依存提供了条件。宗教和行政是分离的，宫廷有主祭司负责祭祀、占卜和充当国王的顾问，但他并不是行政官。国王手下有分别管理行政事务和军事事务的官员。地方行政官有千村长、百村长、十村长，村是最基本的单位。此时，国家的立法和司法制度已初具雏形，旧的、平等的部落立法已不再起作用，由国王颁布

印度雕像展现了印度女性美的传统"三屈法"（即头部向右倾斜，胸部向左扭转，臀部又向右耸出）的身段。富有一种曲线美和节奏感

的新法令具有很高的权威性。婆罗门的法学家也开始在种姓制度的基础上撰写法经、法典，并渐渐形成在自己宗教领域内有影响的宗教法。各级审理案件时的最高法官是国王。断案的依据以国王颁布的法律为主，宗教法也起一定作用。

国家收入的主要来源是税收，而土地税则是其中最为重要的部分，税率通常为总量的 1/6，因此，国王又被称为"六分之一享有者"。一般由村社长老协助专门的税收官员进行收税。

摩揭陀国在不断的争战中脱颖而出并渐渐强大起来。至公元前 4 世纪，整个北部印度几乎都被摩揭陀国控制了，至此，摩揭陀国成为一个拥有广阔领土的区域性霸主。

公元前 6 世纪，频毗沙罗王（约公元前 544 年—前 493 年在位）统治摩揭陀国，建都王舍城。频毗沙罗王在历史上扮演的角色跟中国的秦始皇十分类似，经济上他注重农业和铁矿业，在政治上他东联西并，纵横捭阖，大有统一整个恒河流域的趋势。

频毗沙罗王大约在公元前 542 年，开始了他的统一进程。为了取得南面的出海口，他将鸯伽国作为首先消灭的对象。为孤立鸯伽国，他以联姻方式与鸯伽国的邻国结盟。他接连娶了三个妻子，她们分别来自强大的居萨罗国、跋沙以及旁遮普，这些都是鸯伽国的邻国。频毗沙罗王通过联姻达到政治目的后，见时机成熟，便下令大举进攻鸯伽国的都城昌巴。昌巴是一座战略意义非常重要的城市，它不仅是恒河下游的重要河港，也是通向南方东海岸的重要港口。频毗沙罗王如愿征服了这个国家之后，他派自己的儿子阿阇世镇守。不幸的是频毗沙罗王还没有来得及完成他的统一大业，就被自己的儿子阿阇世杀了。

公元前 493 年前后，阿阇世弑父篡位。同他父亲一样，阿阇世也有着非常大的野心，

亚洲文明

他登基后继续向整个恒河流域扩张。为了推进摩揭陀国的统一霸业，阿阇世可谓是六亲不认，他首先进攻并吞并了舅舅统治的居萨罗国。然后他又开始进攻另一个有亲属关系的邻国跋沙，经过16年的艰难战争，他终于占领了其都城吠舍厘。阿阇世还是位极富创造力、有才干的君主，他结合战争中的实际经验发明了两种先进武器：一种是能发射硕大石弹一次可杀死百十来人的弩炮；一种是车上装有可旋转的钉头锤的新式战车，奔驰起来的战车极具杀伤力。依靠这两种新式武器，阿阇世击败了以跋沙为首的联盟，成为东部印度的霸主。因为新攻占的地区均在摩揭陀的北面，加之恒河水运越来越重要，阿阇世的继承人乌代因此将都城迁到恒河与宋河的汇合口，建立了华氏城。

在难陀家族统治的鼎盛时期，终于在公元4世纪完成了几代帝王统一恒河流域的夙愿，使摩揭陀国成为恒河流域的霸主。这时的摩揭陀国成为印度次大陆上的第一强国，其领土包括整个恒河流域和部分中印度。这时的摩揭陀国的政治、经济、军事以及文化都有很大的发展，以军事的发展尤为突出。摩揭陀国的兵种分工已细化，有步兵、骑兵、战车兵和水兵，还有劳工、侦探和地方向导辅助。军队规模也较为壮观，据希腊文献记载，摩揭陀的难陀王朝末年有步兵20万、骑兵2万、战车2 000辆、战象3 000头。战车一般是马拉，也有的是驴拉；步兵穿棉布军装，骑兵可能有盔甲，他们都持有生牛皮做的圆盾、双刃剑、长弓、铁镞竹竿箭。摩揭陀的末代统治者丹那·难陀是一位非常残暴的国王。由于他的横征暴敛，造成了社会各阶层的不满，因此他的统治非常不稳定。此时，旃陀罗笈多领导人民举行起义，推翻了腐败的难陀王朝并建立了新王

17

朝，名为"孔雀王朝"。

随着难陀王朝的灭亡，古印度史上的列国时代至此画上了一个句号。而孔雀王朝的兴起，标志着古代印度开始进入中央集权制的大帝国时期。

这是印度次大陆历史上第一次大一统的时期，也意味着印度文明进入了一个新的发展阶段。

孔雀王朝统一印度的时间不长，政治上的分裂并不能掩盖印度各地在文化上的同一性

孔雀王朝（公元前321年—前187年）是继摩揭陀国之后古印度的又一个重要王朝，其名为孔雀是因建立者旃陀罗笈多出身于吠陀种姓的孔雀族。旃陀罗笈多建立的孔雀王朝统治印度和阿富汗地区达134年之久，使孔雀帝国成为与同时代的古罗马、古代中国并称的世界强国之一。

旃陀罗笈多是一个极富传奇色彩的人物。他因年轻时曾被当政的难陀王朝驱逐而怀恨在心，由于他势单力薄，所以一直等待时机以夺取政权。此时，北部印度河流域已经于公元前518年被波斯人侵占，沦为波斯的一个行省。在公元前327年，马其顿国王亚历山大消灭波斯帝国后侵入印度河流域，亚历山大企图乘胜东进，征服恒河流域。但慑于摩揭陀国的强大，加之士兵经过连年争战已厌倦了战争，于是亚历山大放弃了原来的想法，两年后返回了巴比伦。这个时期，印度西北部地区由于亚历山大的撤退，留下了一个政治空白，客观上也给了时刻准备夺取政权、推翻难陀王朝的旃陀罗笈多提供了一个良机。

旃陀罗笈多见时机成熟，果断发动了起义，他的军队主要由下层人民组成。由于在性质上，他的起义属于反对外族侵略和内部暴政的人民起义，因而得到了广大人民的认同。

亚洲文明

旃陀罗笈多起兵后，首先将矛头指向马其顿这个外来侵略者，并与之进行了激烈的战争。约公元前324年，他在西北印度自立为王。在沉重打击马其顿人后，旃陀罗笈多挥师东下，向难陀王朝发起进攻。精于谋略的旃陀罗笈多并未直取华氏城，而是先消灭难陀王朝其他地方的军队。传说他这一战略的运用，是从一位妇女教训儿子的过程中得到的启发。该妇女训斥儿子吃东西应该先吃盘子周围的食物，而不应先吃中间的，因为中间的太烫。旃陀罗笈多由此得到启发，先歼灭了难陀王朝其他地区的军队，然后消灭了驻扎在都城的主力部队，最后他轻松地攻下了华氏城，推翻了难陀王朝。随后，旃陀罗笈多回师印度西北地区。马其顿慑于旃陀罗笈多强大的力量，其军队主力于公元前315年撤出，余下的小部分军队在印度苟延残喘，不久便被旃陀罗笈多的部队消灭。这样，旃陀罗笈多征服了北部印度，建立了孔雀王朝，在历史上第一次统一了印度北部。

孔雀王朝在旃陀罗笈多的带领下，在接下来的25年间，取得了军事和外交上的双重进步。他依靠其军事力量建立了古印度历史上第一个统

19

追溯古文明

一印度河与恒河流域的大帝国，而且开创性地与西方人建立了外交关系。他与希腊人的塞琉古王国建立了友好关系，塞琉古国王将一位公主嫁给旃陀罗笈多，并派遣麦加昔尼为驻孔雀王朝大使。而印度以500头战象作为对塞琉古王朝国王的报答。由于孔雀王朝与西方建立了外交关系，使南亚次大陆首次有了较为确切的纪年。

正值事业顶峰的旃陀罗笈多将皇位传给儿子宾头沙罗，然后离开王宫，开始流浪各地过着苦行僧般的生活，最后他按照耆那教习俗慢慢绝食而亡。

旃陀罗笈多的儿子宾头沙罗继位后，对内施行铁腕政策大力巩固帝国的统治，他残酷地镇压了西北印度开罗城的人民起义。在对外关系上，他延续了父亲的政策，与西方国家保持友好的外交往来关系。宾头沙罗在位期间，在政治军事上最主要的贡献，同时也是他最重要的行动就是向南部印度的扩张。

宾头沙罗对南部印度的征服战争，意味着印度次大陆南北地区开始走向统一，具有重要的历史意义。这一伟大的事业，最终是由宾头沙罗的儿子阿育王完成的。

约公元前273年，宾头沙罗因病去世，其子阿育王成为孔雀帝国的第三代国王。阿育王是一位有作为的政治家、军事家和宗教领袖。他使孔雀王朝盛极一时，成为雄踞南亚次大陆的强国。

阿育王是一位极富传奇色彩的国王。有一个关于他诞生的宗教神话传说。《天譬喻经》是梵文佛教故事集，其中有则故事叫《闹耶献土》，说的是有一个名叫耶的小男孩，一天他正在街上玩

对于佛教来说，阿育王是仅次于释迦牟尼的第二重要人物

耍，恰好遇见佛陀行乞。他没有什么东西可以施舍给佛陀，便真诚地捧起一把沙土奉献给佛陀。这个奉献沙土的男孩，后来就投胎转世为孔雀王朝的第三代皇帝阿育王，他拥有全印度广袤的国土。作为孔雀王朝开拓者旃陀罗笈多之孙，阿育王继承了祖辈好战的传统，在其当政期间统一了除印度半岛南端外的整个印度。

为了不断扩充领土，阿育王亲率大军东征西战，这期间他屠杀了许多无辜百姓，十分残酷。据说，他在征服南部羯陵伽国时，有10万当地民众被杀，15万人遭放逐，还有不计其数的人死于战乱。但此战之后，阿育王的统治思想却发生了较大转变，他开始为自己的暴行忏悔，并皈依了佛教。

阿育王统治时期正值孔雀帝国极盛的时代，建立了中央集权政治。全国推行了统一的货币、度量衡，修建了通往全国各地的重要交通道路。虽然还没有统一的语言文字，但婆罗门种姓制度被大部分地区所接受，并将佛教定为孔雀帝国的国教。然而，这毕竟是靠武力统一起来的帝国，没有稳定的基础，因此阿育王死后不久帝国便衰落了。约公元前187年，孔雀帝国的末代帝王大车王被手下的一个将领所杀，孔雀王朝统治时期宣告结束。

《政事论》作为孔雀王朝时期一部重要的政治法典，不仅是古印度历史上一部十分重要的著作，更是世界上最早的、颇为系统的政治经济著作之一。《政事论》成书的时间在公元前4世纪末—前3世纪初。

印度历史学家认为，其作者是孔雀帝国的开国重臣、军师考底利耶，后人又对其进行补订和删改。《政事论》共15卷，内容主要涉及政治、经济、法律、军事、外交等方面，它对孔雀帝国初期的治国经验和策略进行了系统的总结。古代印度的历代统治者对其十分重视，将它誉为"治国经典"。

阿育王死后，孔雀帝国变得分崩离析。在印度西北地区他的一个儿子割地自治，原来被征服的一些国家和部族也纷纷独立。约公元前187年，大臣普沙密多罗·巽伽推翻了孔雀朝夺得王位。此后，印度次大陆步入了王朝更迭和小国纷立的时期。

普沙密多罗·巽伽（约公元前187年—前151年在位）推翻孔雀王朝后，建立巽伽王朝（公元前185年—前75年）。普沙密多罗出身于乌贾因地区的一个婆罗门家族。他担任孔雀王朝大臣时，曾率军击退入侵的大夏国，立下显赫战功，声望较高，他夺取王位后，曾一度试图重振孔雀帝国往昔的雄风，他相继出兵德干高原南部，征伐羯陵迦，反抗大夏国的入侵。在普沙密多罗的征战扩张下，巽伽王朝的版图南至达纳马达河，旁遮普地区的贾兰达尔和锡亚尔科特也可能被巽伽王朝所控制。可巽伽王朝的强盛时期并不长久。该王朝随着普沙密多罗的死而渐渐衰败了。

巽伽王朝的完结与孔雀王朝类似。约公元前75年，巽伽王朝大臣苏迪·甘华篡夺王位，建立了甘华王朝（约公元前75年—前30年）。相传，他把一个女奴装扮成王后，弑杀了巽伽王朝之王从而夺

取了王位。甘华王朝是一个很小的王朝，领土仅限于摩揭陀国地区。这个王朝后来被安度罗王国以武力征服了。

兴起于德干高原东部哥达瓦里河和克里希纳河下游地区的安度罗王国，东临孟加拉湾，西濒阿拉伯海。这个王国由萨达瓦哈拉部族建立，雅利安人和土著居民的混种大概是该部族的种源。这个部族在孔雀王朝时很有名，阿育王的铭文中曾多次提及。约公元前1世纪萨达加尼王在位时，安度罗王国达到鼎盛。因出兵消灭了甘华王朝，入侵羯陵迦和南方其他一些地区，因而萨达加尼王号称"南方各地之主"。萨达加尼王死后，安度罗王国国力式微，又逢外族入侵，该国被迫退到德干高原的东南部。直至公元2世纪上半叶，乔达米普特拉王及其子瓦西什提普特拉统治时，安度罗王国才重新崛起。乔达米普特拉的铭文提到，他"赶走了塞人、耶般那人和帕拉华人"。在安度罗王国最鼎盛时期，它的统治范围包括德干高原大部分地区、西海岸地区、南方的克里西拉河三角洲一带，它成为南部印度的一大强国。约公元3世纪，安度罗王国发生分裂，逐渐走向衰亡。

羯陵迦是南部印度的一个重要国家。孔雀王朝后期，羯陵迦重新独立。卡罗维拉王（约公元前1世纪）统治时，国力颇为强盛。他曾多次对外征战，战胜了大夏人，入侵了恒河流域，占领了王舍城，横扫大陆南端的潘地亚国，扩大了羯陵迦的势力范围。

在南部印度南端另外一些独立的国家中，比较重要的有朱达、潘地亚、哲罗等。他们是由古代泰米尔人创建的。泰米尔人是印度次大陆土著居民的一支——达罗毗荼人的后裔。雅利安人入侵后，一些达罗毗荼人被征服，一些达罗毗荼人迁居到偏远山区和南印度的一些地区。这些国家虽然规模不大，但经济比较发达，海外贸易发展迅速，与两河流域、西方等地区的贸易往来频繁。同时，为扩大自己的势力，各小国之间也时常发生战争。对古印度文明来说，这是一段在冲突中不断融合并发展的时期。

中亚的贵霜王朝兴起于公元1世纪，在不断的征战中，贵霜将印度西北部纳入了自己

的势力范围，并且由此成为横贯中南亚的大帝国。在其极盛时期，疆土西起伊朗东部，东至恒河中游和贝拿勒斯，北至阿姆河、锡尔河和今天中国新疆的和田，南部到达纳马达河，占有中亚和北印度大部分地区，它更成为当时与罗马、安息、汉王朝并驾齐驱的四大帝国之一，它的繁荣也标志着古印度文明史上第三次文明高潮的到来。

孔雀王朝解体后，希腊人和中亚的游牧民族相继统治了印度西北部。在中亚兴起的匈奴人迫使大月氏人西迁，而大月氏人的一支占领巴立特里亚。其中强大的贵霜部落统一了各部落，开始征服周围地区，大有形成一个中亚大国之势。公元50年，贵霜部落首领丘鸠阙率众翻越兴都库什山脉，成功占领了阿富汗大部分地区和印度犍陀罗地区，建立贵霜帝国（约公元78年—241年）。此后，阎膏珍王继承了扩大领土的事业，他先消灭了旁遮普的沙卡，然后向恒河流域进发，这时，贵霜政治中心已移到南亚。到迦尼色伽统治时期，贵霜帝国疆域更加广阔。

占领印度河、恒河流域的贵霜人逐渐被古印度文明所同化，并且承袭和发扬了古印度文明。在统一的政治形势下，古印度的社会经济得到了长足的发展，其中以工商业和海外贸易的发展最为繁荣。贵霜帝国利用经济的发展兴建了许多如布罗奇、苏尔帕卡拉、阿里卡梅杜等发达的新兴城市。

由于贵霜王国迦尼色伽时代的国王信奉佛教，因此佛教得到了很大推广。迦尼色伽提倡佛教并广造寺塔，虽然这些寺塔耗费了大量财富，凝聚了印度劳动人民的血汗，但从人类文明发展进程的角度看，它对后人来说又是一笔珍贵的历史遗产。当时佛教在印度盛行，具有极强的辐射力，在这时佛教开始传入中国，然后由中国传入朝鲜，由朝鲜再传入日本，使佛教成为典型的东方宗教。

迦尼色伽死后不久，贵霜帝国开始走向衰败，逐渐分裂为一些小的王国。公元3世纪时，兴起于伊朗高原的萨珊波斯逐渐向中亚和印度西北部进行扩张。至公元4世纪，笈多王朝在北印度兴起，消灭了西北印度贵霜人统治的小王国。小亚细亚地区的贵霜小王国，在公元5世纪时被嚈哒人所灭。总的来说，贵霜帝国的统治，对古印度的发展具有重要意义。

公元4世纪初，一个新的帝国——笈多帝国在恒河中游一带出现。笈多帝国的建立使当时印度大部分地区的割据混乱得以平息，并将这些地区重归于统一的政治统治之下。经过三位才华卓越的君主的努力，古印度古典文化全面发展起来。

旃多罗·笈多一世是笈多王朝的建立者。在公元319年他继承王位并开始了势力扩张的征程。他在位期间，领土范围相当于孔雀帝国瓦解后的摩揭陀王朝大小，包括比哈尔大部分和孟加拉部分地区，这是笈多帝国的核心领域。旃多罗·笈多自称"王中之王"。

公元335年，在钦定了儿子沙摩多罗·笈多为继承人后，笈多一世便隐居起来直至去世。沙摩多罗·笈多即位后，进一步发动对外战争。沙摩多罗·笈多在位期间，帝国疆域得到很大扩展，王朝的政治、经济、文化各方面都有发展，因此，在历史上他有"健日王"的美称。

沙摩多罗·笈多的儿子旃多罗·笈多二世（公元375年—415年在位）统治时期，笈多帝国进一步向南扩张。此时的笈多帝国政局稳定，贸易繁荣，文化发达。旃多罗·笈多二世又给自己加了个"超日王"的雅号。

旃多罗·笈多二世去世后，其子鸠摩罗·笈多继位，帝国保持和平稳定、繁荣发展的局面。到斯坎达·笈多统治时期（公元455年—467年），占领了巴克特利亚的白匈奴人从西北部入侵到印度河流域。

笈多王朝被誉为古印度文明的黄金时代，此时的宗教哲学、文学艺术均达到巅峰。当时佛教艺术名作繁多，流派众多，建筑、雕刻、

绘画技艺高超，成为古印度古典艺术的高峰。

公元 5 世纪以后，中亚民族——匈奴人入侵，笈多王朝的各属国纷纷独立。笈多王朝的衰落标志着古印度史的结束。

笈多帝国瓦解后，一度统一的北印度再次陷于分裂状态。坦尼沙家族在诸侯割据、群雄争霸的纷争中取得了最终的成功。

公元 612 年，坦尼沙的曷利沙·伐弹那在一系列的政治斗争中获得胜利，建立了戒日帝国，定都曲女城（今卡瑙季），历史上称他为戒日王。曷利沙·伐弹那统治下的戒日帝国的势力范围主要是恒河中上游地区。

戒日王对孟加拉地区的征伐持续了很长时间，但久攻不下，直到公元 643 年在迦摩缕波国国王帮助下，两面夹击，才终于完全征服了这个地区。戒日王将东孟加拉划给迦摩缕波，自己占领西孟加拉。正所谓"政治上没有永远的朋友，只有永远的利益"，迦摩缕波国不久也成了戒日王的藩属。戒日王还向西征服卡提阿瓦半岛上的伐拉毗，用联姻的手段使之臣服于己，获得了西海岸诸港口，从此坐收海上贸易的利益。这样，除克什米尔、西旁遮普、拉其普他那、古吉拉特和东印度边远地区外，北印度几乎都处在戒日帝国的统治之下。

最终，戒日王在北印度大部分地区建立了以卡瑙季为中心的大帝国。这不仅意味着北印度大部分地区又实现了统一，而且表明北印度的政治、经济中心已由恒河下游转移到恒河中游。

在戒日王这个有魄力的君主统治下，帝国政治、经济稳定发展，同时佛教传播也更为广泛。

戒日王十分重视保护、促进文学艺术的发展，他崇敬知识，敬重学者。在他的支持保护下，那烂陀寺成了著名的教育和学术中心。他自己在文学上的造诣也很高，传说

26

亚洲文明

他曾写了两个古典体裁的喜剧和一个宗教题材的戏剧。

戒日王苦心经营建立起来的大帝国也难保不重蹈前面各大帝国的覆辙。他去世后，帝国立即陷于混乱状态。其外孙达罗犀那和大臣阿罗那顺都觊觎着王位。后来阿罗那顺夺取了恒河流域许多地区的政权，这样统一的戒日帝国即告灭亡。

公元7世纪末至公元8世纪上半叶伊斯兰教兴起，阿拉伯人在西亚、北非建立起了一个大帝国。他们的扩张范围也波及印度。公元711年倭马亚王朝东部省的省督哈加吉派穆罕默德·本·卡西姆率军队征战信德。公元713年军队攻击木尔坦，阿拉伯人先后占领了信德和木尔坦两个城市。

伊斯兰教也随着阿拉伯人的入侵而传入印度，并促使一部分人改信了伊斯兰教。但其对整个印度的影响是有限的，因为他们的统治范围相对有限。

真正对印度全局产生重大影响的是11世纪—12世纪突厥人的入侵。这些已成为伊斯兰教徒的突厥人于13世纪初在印度建立了德里苏丹国，并开始了长达四个多世纪的穆斯林王朝统治。

公元962年，一个突厥冒险家、中亚萨曼王朝呼罗珊总督阿普提真由于争夺王位失败，而在阿富汗的伽兹尼自立为王，创立了信奉伊斯兰教的伽兹尼王国。沙巴提统治时期，开始积极向外扩张。其子马茂德在公元997年继位后，于1000年起大举进攻印度。由于他在中亚的帝国地域已十分广阔，所以他这次侵略印度的主要目的是掠夺财富而不是扩充领土。1000年—1027年，他征伐印度达12次之多。马茂德所到之处，金银珠宝都被抢夺一空，不能抢走的往往被付之一炬。印度许多繁盛的城市都被马茂德残忍地践踏为废墟，寺

27

追溯古文明

院庙宇也被烧毁。

1030年马茂德死去，伽兹尼国势也随之走向衰败。这时，原为伽兹尼藩属的古尔王公崛起。古尔王公家族也是突厥人，信奉伊斯兰教。1173年—1174年古尔王公家族挫败了伽兹尼，建立了古尔王朝，定都古尔。这时国王是吉亚斯丁·穆罕默德。他任命弟弟希哈卜丁·穆罕默德（也称他为穆罕默德·古尔）为伽兹尼省督。1175年穆罕默德·古尔开始远征印度，平静了一百多年的突厥穆斯林再次入侵印度。

古尔的入侵是以扩充领土为目的的，这和马茂德不同。1182年穆罕默德·古尔占领了信德，穆罕默德·古尔的前锋抵达了印度斯坦。此时印度斯坦存在着一批主要由山拉其普特人统治的国家。

1192年，穆罕默德·古尔率12万大军攻进了德里，战胜了山拉其普特人的乔治国，为征服北印度打通了道路。古尔乘胜加大了进攻步伐，于1194年率领50 000大军攻占北印度的圣城贝拿勒斯。在征途中，穆斯林们毁掉了大量的印度教、佛教庙宇，在上面建立了清真寺。足足用了14 000匹骆驼向伽兹尼运送掠夺的财宝。此时，在北印度已没有任何国家可以和强大的穆罕默德·古尔抗衡了。

对比哈尔、孟加拉的征服是由一个冒险家伊克提亚尔完成的。伊克提亚尔是埃贝克驻奥德的一名军官，是穆罕默德·古尔的部将。伊克提亚尔1197年袭击了比哈尔要塞奥达塔普尔，劫掠了大量财宝。著名的佛教寺院惨遭浩劫，寺院里许多佛教僧侣被杀，寺院也被毁坏。这个意外的成功使他的野心骤然膨胀。1202年—1203年，他相继攻占了那烂陀寺、超岩寺，劫掠并毁坏了这两座印度最著名的佛教寺院，使诸多僧侣流亡异地。佛教在一瞬间遭到空前的毁灭性打击，东印度成了印度佛教最后残留的

阵地，至此，佛教在印度几近消亡。

　　古尔国王吉亚斯丁于1202年病逝，穆罕默德·古尔继承王位。1205年西旁遮普科卡尔人起义反抗入侵，并试图进占拉合尔。穆罕默德·古尔急率大军前来镇压。1206年3月穆罕默德·古尔在稳定局面后回国途中遭仇敌暗杀，在印度河岸的达姆雅克死去了。

　　穆罕默德·古尔对北印度的征服为随后德里苏丹国的建立提供了良好的条件。

　　突厥人于1206年在印度建立了国家，自伊勒图特米什苏丹统治时期起，首都迁至德里，德里苏丹国即由此得名。德里苏丹国前后经历了五个王朝阶段，共统治了印度320年（1206年—1526年）。

　　第一个王朝史称"奴隶王朝"（1206年—1290年），其统治时间长达84年。"奴隶王朝"名称的来源充满戏剧色彩。之所以叫"奴隶王朝"，是因为它的第一任苏丹库特卜和另外两位苏丹伊勒图特米什和巴勒班都曾是奴隶。

　　在先后经历了哈尔吉王朝、图格鲁克王朝、萨依德王朝及洛迪王朝后，德里苏丹政权也逐渐衰落。最终，王朝在内忧外患的形势下，于1526年被巴布尔一举推翻，结束了德里苏丹对印度近320年的统治。

　　巴布尔（1482年—1530年）由于拥有无人能敌的武功而获"老虎"绰号，是印度莫卧儿帝国的开国君主。

　　在1526年4月爆发的帕尼帕特战役中，巴布尔依靠丰富的战争经验和精良的军骑以少胜多，战胜了兵力是自己4倍的洛迪王朝末王易卜拉欣，终结了德里苏丹国在印度的统治。巴布尔顺利地攻陷了德里苏丹国的都城德里。巴布尔

追溯古文明

是帖木儿的五世孙，帖木儿出身于突厥化的蒙古贵族家庭；由于巴布尔又可以将他的血统从母系上溯到成吉思汗，因此，由他在印度开创的帝国便被称为"莫卧儿帝国"，在阿拉伯语或波斯语中译为"蒙古帝国"。

巴布尔死后，其儿子胡马雍继承了王位，胡马雍并不具有他父亲巴布尔的军事才能和强硬的政治手段，他所具有的是丰富的文化素养，是一位仁慈宽厚的"文"皇帝。正是他的这种性格和个人偏好致使巴布尔奠定的莫卧儿帝国的大片疆域在他手里流失。但他的儿子阿克巴却隔代承袭了其祖父巴布尔好战的传统，他在位期间不仅收复了其父胡马雍时期的失地，还使莫卧儿帝国的版图得到了进一步扩展，阿克巴成为中世纪统一印度南北的最杰出的君主。

在15年的时间里，阿克巴用武力结合怀柔的手段统一了北印度。他又用16年时间把版图扩展到遥远的西北地区。最后，他又用了3年的时间，平定了南方的几个王国，继而建立了一个强大的莫卧儿帝国。

为了巩固自己的政权，阿克巴对国家的内务进行改革。他命令官员重新丈量土地，将帝国分为182个税区，区分等级征税；他还废除了将战俘卖为奴隶的习俗；下令取消人头税、香客税（对朝圣的印度教徒征收的税）、田赋附加税，遇到天灾时，则一律免交田赋；全国统一度量衡，促进了工商业的发展。阿克巴这一系列的"怀柔"政策。有力地缓解了因争战而带来的各种矛盾，为这段时期印度的繁荣稳定作出了巨大贡献。

阿克巴本着相互尊重、平等互让的原则，在解决各教派间冲突方面进行了大胆的尝试。莫卧儿王朝信奉伊斯兰教，而印度教是印度长期流行的宗教，因此两种宗教间难免发生矛盾冲突，进而影响了国家安定。为了协调两种宗教教徒们的关系，阿克巴还采取了一系列措施。

阿克巴不仅在解决各教派矛盾的问题上作出了贡献，而且还为印度教的发展贡献了自己的才智。出于自己"宽容大度的个性"和"对宗教思想的追求"，阿克巴创

立了一个没有上帝、没有先知、没有教务的"圣教"。这种宗教的特点是提倡廉俭，其教义是要求信徒弃绝世俗欲望而求得救。这个宗教要求信徒忠于国君阿克巴。教徒们把阿克巴当作上帝，相见时呼叫"安拉——阿克巴"（意为"阿克巴即真主"）。"圣教"并不强迫别人信教。阿克巴的宗教措施，缓和了当时的宗教矛盾，使不同教派能够和平相处，莫卧尔帝国的统治也因此得到了巩固。

作为国王，阿克巴一方面尊重印度教，但另一方面又对印度教的陈规陋习加以废除，反对寡妇自焚殉身、杀婴、童婚、近亲结婚，以及不许寡妇再嫁等教规，这些人性化的规定，不仅表明一个社会文明的进步，更是对传统文明的反叛。

阿克巴不仅尊重各民族不同的宗教信仰，也善于理财和用人，从而使印度国内的矛盾缓和，人民能够安居乐业。

1605年10月，阿克巴去世。他的后代继续统治印度五十多年（1605年—1657年），这一时期成为莫卧儿帝国兴盛、封建经济发展的重要时期。后期的莫卧儿王朝的历史是一段战乱纷起、民不聊生、帝国主义入侵加剧并最后确立对印度殖民统治的历史。

追溯古文明

辉煌灿烂的两河文明

在距今六千多年前的美索不达米亚平原出现了人类最早的文明。历经千年的沧桑,那些古老的王国只留下点点遗迹,似乎在诉说着它们昔日的辉煌。美丽的神话传说、先进的科学技术……无一不说明两河文明的不朽与伟大。

目前在两河流域发现的最早的古文明距今已有六千多年的历史。虽然巴比伦王国现已消失,但其影响(尤其宗教方面)极其深远。它作为四大文明古国之一是当之无愧的。

两河流域位于底格里斯河和幼发拉底河之间的美索不达米亚平原,北接亚美尼亚高原,南临波斯湾,东以西伊朗山脉为界,西与叙利亚草原和阿拉伯沙漠接壤。亚述在两河流域的北部,巴比伦在其南部。

"新月沃土"是指两河流域及其附近肥沃的土地。洪水的定期泛滥,使两河沿岸地区积淀成适于农耕的肥沃土壤。包括今日的以色列西岸、黎巴嫩、约旦的部分地区、叙利亚,以及伊拉克和土耳其的东南部。这里的地形犹如一弯新月,因此美国芝加哥大学的考古学家詹姆斯·布雷斯特德把这片土地称为"新月沃土"。约旦河、底格里斯河和幼发拉底河是"新月沃土"上的三条主要河流,"新月沃土"的面积共约四五十万平方千米。

美索不达米亚平原是古代人类文明的重要发源地之一。两河文明由苏美尔文明、巴比伦文明和亚述文明三部分组成,其中巴比伦文明以其卓越的文明成果成为两河文明的典范,与古代埃及、古代印度和古代中国构成了世界四大文明古国。

亚洲文明

巴比伦文明以今天的巴格达城为界分为南北两部分。古亚述城为北部的中心，称为西里西亚，或简称亚述；巴比伦为南部的中心，称为巴比伦尼亚，意为"巴比伦的国土"。巴比伦尼亚又分为南部靠近波斯湾口的苏美尔地区和其北部的阿卡德地区，两地居民被称为苏美尔人和阿卡德人。美索不达米亚文明最初就是由苏美尔人创造的。

苏美尔人早在公元前5000年就在两河流域繁衍生息了。他们在交流中逐渐创造了象形文字。阿卡德人对它加以承袭和创新，形成了世上最古老的楔形文字。这是一种用芦苇秆或动物骨头在软泥上刻写的文字，因其落笔时力大速缓，印痕宽深，提笔时力小速快，印痕浅窄，就像木楔子一样，所以称其为"楔形文字"。古巴比伦人、亚述人和波斯人都曾经把它作为自己的文字使用。古老的史诗《吉尔伽美什》就是苏美尔人用楔形文字把自己的神话故事刻在泥板上流传下来的。史诗讲述的是乌鲁克国王吉尔伽美什一生中的诸多传奇故事。

古巴比伦王国建立于公元前2006年。在苏美尔人创造的文明基础上，古巴比伦人创造了更为璀璨的文明。现今在法国巴黎的卢浮宫里人们仍可以看到《汉谟拉比法典》，这是一部至今保存最完整也是最早的成文法典。该法典全文共3 500行，内容涉及盗窃、动产、奴隶、对不动产的占有、继承、转让、租赁、抵押，以及经商、借贷、婚姻、家庭等方面，对研究古巴比伦王国具有很高的学术价值。

时光飞逝，历史的车轮滚滚前行。公元637年，波斯人被阿拉伯人击败，两河流域并入阿拉伯帝国的版图之中。在阿拔斯王朝统治时期，阿拉伯帝国将首都从大马士革迁到底格里斯河河畔的巴格达，巴

格达成为帝国的政治、经济和文化中心。帝国首领哈里发的皇宫用大理石砌成,城门以精雕细刻的植物、动物图案为装饰,窗户镶嵌着彩色玻璃,墙上挂着精美的壁毯;宫廷大院内有喷水池和种植奇花异草的花坛。夜晚,帝国的贵胄显宦、皇亲国戚聚集宫中,仙乐飘飘,载歌载舞,通宵达旦。宫廷外围则是另一番景象。那里水渠纵横,沃野千里,田禾茂盛。密密麻麻的商船停泊在两河沿岸的码头上,河畔城市的市场非常繁荣,贸易兴盛。以巴格达为中心的阿拉伯帝国在统一的经济和政治条件下,创造了高度发达的文明。麦蒙统治时期,巴格达建立了智慧馆,翻译了古希腊重要的哲学和自然科学著作。由阿拉伯数学家引进印度的"十进制"和数字"0",至今仍被人们所应用。阿拉伯文学名著《一千零一夜》至今仍受到人们的广泛喜爱。这诸多文明的传入,促进了其文艺复兴和近代自然科学的建立。

两河文明的历史及文化

公元前4000年前后,来自东部山区的苏美尔人是两河流域文明的最早创造者。他们会制陶,并发明了文字。考古资料显示,当时处在原始社会解体时期。公元前3000年,苏美尔人建立了城邦。在公元前24世纪被阿卡德王国所灭。

萨尔贡一世是阿卡德王国的创建者,公元前2191年覆灭。阿卡德王国国力强盛时疆界扩展到叙利亚、阿拉伯等地。乌尔城的乌尔纳木于公元前2113年前后统一了苏美尔和阿卡德,建立了乌尔第三王

亚洲文明

朝，在政治上实行中央集权制度。公元前2006年被埃兰人和阿摩利人所灭。在公元前1894年阿摩利人建立了巴比伦城。

起初，巴比伦比较弱小，到第六代国王汉谟拉比时期逐渐强大，统一了两河流域，建立了古巴比伦王国，并颁布了《汉谟拉比法典》。到公元前1595年巴比伦王国被赫梯人所灭。

大约在公元前10世纪末，亚述王国在几经兴衰后终于崛起，成为强大的帝国。亚述帝国统治了两河流域，至公元前7世纪，包括两河流域、叙利亚、巴勒斯坦和埃及都被纳入了亚述帝国的势力范围内。

刻有亚述国王巴尼帕头像的浮雕

亚述帝国在亚述王巴尼帕统治时国力达到鼎盛，步入铁器时代。公元前605年亚述帝国被迦勒底人所灭。

公元前626年迦勒底人在巴比伦建国，史称新巴比伦王国，或迦勒底王国。在尼布甲尼撒二世时，占领了叙利亚、腓尼基、巴勒斯坦，消灭了犹太王国，俘虏了"巴比伦之囚"，帝国兴盛一时。也就是在这一时期修建了空中花园，重建了马尔杜克神庙。到公元前538年新巴比伦王国被波斯帝国所灭。

美索不达米亚文明

在两个不同的地方，人类文明居然同时进入了相同的历史阶段，这很令人吃惊。公元前3500年—前3000年，当埃及在法老的统治下得以统一时，另一个伟大的文明在美索不达米亚，即两河流域崛起。在后来将近三千年的时间里，虽然这两个相互竞争的文明中心在诸多方面都是相关联的，但它们仍然保持着自己的特点。促使两地居民放弃新石器时代村落生活方式的压力很有可能是相同的，但是底格里斯河和幼发拉底河的河谷不像尼罗河三角洲那样，狭窄沃土的两边由沙漠护卫，更像一个宽大的浅槽，并且缺少天然屏障。两条大河及其支流纵横交错，很容易受到来自各个方向的侵犯。

在这种地理条件下，很难有一个首领能把两河地区统一。而且事实上，直到美索不达米亚文明开始近一千年后才出现了这样有能力的

追溯古文明

统治者。他们虽然在短期内便取得了成功，可其代价却是连绵不断的战争。因此，古美索不达米亚的政治史并不像埃及那样是建立在君权神授基础上的，其历史的内容包括本地竞争、外来掳掠，以及军事力量的暴起暴落。在如此动荡不安的历史背景下，其文化艺术传统却得以延续实在令人叹服。这一宝贵遗产大部分是由美索不达米亚文明的先驱们创造的，因为他们居住在底格里斯河和幼发拉底河交汇的苏美尔地区，所以被称为苏美尔人。

苏美尔人的祖先来历不详，其语言也与已知的任何语言都没有关联。公元前4000年前的某个时期，他们从波斯来到美索不达米亚平原的南部，在后来的1 000年间，苏美尔人在那里建立了许多城邦，并在泥板上用自己创造的文字——楔形文字进行书写。这段过渡时期相当于埃及的前王朝时期，被称为"原始文字期"，之后是公元前3000年—前2340年的早期王朝时期。

根据考古发现，苏美尔地区的青铜文化最早约在公元前4000年出现。遗憾的是，苏美尔文明的遗迹同古埃及相比显得十分稀少。由于美索不达米亚地区没有石料，苏美尔人只能用泥砖和木料建造房屋，因此除了地基之外，他们的建筑几乎没有遗存。虽然在乌尔发掘了一些早期王朝时期陪葬品丰富的坟墓，但苏美尔人并不像埃及人那样关心来世。因此，对苏美尔人的了解在很大程度上要依靠考古出土的刻有文字的泥板等文物残片。但凭借现有的资料也足以勾勒出这个有生气、有创造力的民族所取得的成就。

每一个苏美尔城邦都有自己的保护神，并被看作"城邦之王"。城邦还有一位人间的统治者，他是神在人间的代表，率领人们为神服务，当地的保护神要以护佑其属民的事业作为回报。众神主宰着风、气候、水和天体等自然力。神的所有权并不是虔诚的虚构，人们确信他不仅拥有城邦的土地，而且拥有人们的劳动力和产品；神的命令经由神在人间的代表传达给人民，一切都要听从代表的指挥，因此产生了"神权社会主义"的经济体制。神庙是这种计划社会的管理中心，操纵人力和资源进行诸如修筑堤坝、灌溉沟渠之类的公共劳动。农业收成的很大一部分由神庙收取和支配。这都需要用文字作出详细的资料记载，因为文字是神职特权，所以大部分早期苏美尔地区的文字资料理所当然是关于经济和行政的而不是关于宗教的。

苏美尔的城市规划突出地反映了神庙在人们精神和物质生活中的统治地位。居民住房聚集在圣地周围，圣地是一个巨大的建筑群，不仅有神庙，还有作坊、储藏库，以及书吏室。正中有座高台，上面坐落着供奉当地保护神的殿堂。这种高台很快被发展成为像山一样高，无论是人力、物力的耗费程度，还是作为巨大地标矗立于广阔的原野之上，其都可与埃及的金字塔相媲美。这些高台被称为吉库拉塔。

《圣经》上提到的巴别塔如今已不复存在，较早的一座吉库拉塔建于公元前3000年或略早一些，比第一座金字塔还早几百年，它在苏美尔地区乌鲁克（《圣经》中称之为以力）的瓦尔卡幸存下来。吉库拉塔高达12.19米，土堆的斜坡通过砌筑砖石得以巩固，上面有台阶与坡道通向平台，在平台上坐

落着因外墙砌以白砖而被称为"白庙"的圣殿。厚重墙壁上的凹凸结构间隔很有规律，由于保存完好所以仍可以看清结构的原貌。用来供奉祭品的主室或内殿是一个与神庙同长的狭窄厅堂，旁边有许多小室。但是内殿的主入口并不是人们所想的那样面对台阶或位于大殿的短边上，而是在西南面。为了明确这一点，就必须将吉库拉塔和殿堂当作一个整体看待。建筑群的设计思想是为了让朝拜者从东边最底层台阶开始，尽可能绕过更多的拐角才通到大厅。实质上，行进的道路就是螺旋形阶梯。

这种徊轴构造构成了美索不达米亚宗教建筑的基本特征，不同于埃及神庙的单一直线轴。在以后的 2 500 年间，吉库拉塔增加为多层，并向更高更接近于塔的建筑形式发展。乌尔纳姆国王于公元前 2500 年在乌尔建造的吉库拉塔就有三层，现在上面几层已所剩无几，但最下面 15.24 米高的一层还保存完好，其表面又重新修复，铺设了砖面。为什么要修筑这样的建筑？当然不是《圣经·旧约》中所描述的那样，巴别塔的建造者们欲与上帝争胜，是为了反映山顶是神的居所的信念。在苏美尔平原上，人们认为只有亲手造出的山，才适合作为神的住所。

阿努是"白庙"所供奉的天神，但早已没有神像，也许在乌鲁克（今瓦尔卡）地区发现的与之同时期的精美女性头像是另一种崇拜的雕像。她由白色的大理石制成，彩色的材料曾嵌在眼睛和眉毛上，金制或铜制的"假发"覆盖在头上。据推测，人物的其余部分可能为木

制的,并可能接近于真人大小。从艺术成就上来说,这个头像与埃及古王国雕刻的最高水平相当,面颊柔软丰满,唇部曲线优美,眼睛有神,这是女神才能拥有的美与庄严。

乌鲁克女性头像的写实主义风格在早期王朝时期的石雕中并没有承袭下来,而几何的表现方式却得以沿袭。这在比该雕像晚五百年的"特拉斯玛群雕"中有所体现。最高的石像为76.2厘米,代表植物之神阿布,次高的是母神,其余的都是祭司和朝拜者。高大的身材和超大的瞳仁是两位神同凡人的区别,其他凡人的眼睛也很大,他们专注的目光也因镶嵌的色彩而得到强化。整座群雕立在阿布·辛拜勒神庙的内殿里,祭司和朝拜者面神而立,通过眼睛与神交流。

这些"再现"含义明确:神借神像到达现场,朝拜铜像代替真人向神祈祷,进行交流。任何一个雕像都没有体现出对写实的追求,无论是面部还是身体都大大地简单化、程式化了,这主要是为了避免人们从最能体现心灵的眼睛上分散注意力。若说埃及雕刻家的形式感来自立方体,那么苏美尔人则是以锥形和圆柱形作为其作品造型的基础。雕像的手臂和腿如同圆管,人物穿的裙子平滑得像是用车床加工过似的。即使后来美索不达米亚雕刻艺术中的形式已非常丰富,这种

追溯古文明

特点还是反复出现。

在东北方的部落居民来到美索不达米亚后，阿卡德王国的统治便宣告结束。这些部落居民占据该地达半个世纪之久。公元前2125年，乌尔国王把他们从美索不达米亚驱逐出去，并建立了一个历时百年的统一国家。

在外来者统治时期，苏美尔地区的一个小城邦拉加什（今泰洛赫）曾成功地保持了独立。古蒂亚作为城邦的领主，行事十分小心，他大规模改建神庙加强人们对神的崇拜，并把国王的称号留给城邦神，但古蒂亚将自己的雕像放在神龛中，现今已经发现的此类雕像约有二十个。其雕像的材料是古埃及雕刻家常用的硬度极高的闪长岩，此类雕像比特拉斯玛的作品更为气派。虽然古蒂亚热衷于苏美尔的传统形式，但他不慕世俗权力，而是以和神的亲密关系为荣。

同阿卡德统治者的雕像相比，古蒂亚的头像似乎缺乏个性，但其丰满的身体与特拉斯玛群雕的几何造型很不一样，石头的质感被高度而巧妙地强调，光照之后呈现出奇妙的效果。古蒂亚也有坐像，他膝上放着一张建筑平面图（像是寺庙的围墙），正将其呈现给神以求恩准。建筑平面图上的入口是六对塔楼形的突出物。围墙上有在乌鲁克的"白庙"中出现的那种有间隔规律的扶壁。另外，古蒂亚裸露的臂膀和肩部的肌肉富有力度，而埃及雕像则缺乏动感。

美索不达米亚在公元前2000年时处于持续动乱年代，喜克索人在这时来到了埃及，使底格里斯河和幼发拉底河流域遭到了破坏性打击。在公元前1760年—前1600年，当地统治者才掌握了政权。当时的巴比伦扮演着过去阿卡德和乌尔的角色，巴比伦王朝的开创者汉谟拉比是那个时代最伟大的人物：他有过人的军事才能，并对苏美尔的传统极其尊重，他视自己为太阳神沙玛什所"偏爱的牧羊人"。太阳神沙玛什的使命是让正义普照大地。

40

亚洲文明

在汉谟拉比及其继位者的统治下，巴比伦成为苏美尔地区的文化中心，即使在其衰亡千年之后，该城仍有极高的威望。

汉谟拉比最伟大的成就是制定了《汉谟拉比法典》。这部法典不仅是最早的、最系统的成文法典，更以其理性和仁慈而著称于世。汉谟拉比将法典刻在一块高大的石碑上，碑顶是他面对太阳神的场面，他做出说话的姿态并且抬起右臂，仿佛是在向神主汇报编纂法典时的情景。尽管这个浮雕比古蒂亚的雕像晚400年，但其在风格和技巧上有着紧密的联系。石碑上的浮雕刻得比较深，与纳拉姆－辛石碑上近似绘画的浅浮雕相比，上面的两个人物似乎是劈为两半的圆雕。用圆雕方法处理的雕像眼睛更加强了汉谟拉比和太阳神沙玛什对视中的力度与直接性，这在此类作品中是独一无二的。它常让人联想到特拉斯玛群雕，其圆睁的眼睛表现了苏美尔文明初期人们企图与神建立联系的渴望。

苏美尔地区出土的苏美尔人雕塑作品

古巴比伦的文学、艺术与科技

交织着商业、迷信及酒色荒唐的生活能产生文学艺术吗？或许能，但我们目前尚未发现比较有价值的文学艺术。可对浩大的巴比伦文化，仅凭目前一点资料就下论断，未免过于轻率。巴比伦在文学艺术方面虽然比不上埃及和巴勒斯坦，可就其商业法律来说，却不是其他文化堪比的。

巴比伦是与孟菲斯、底比斯齐名的世界名都，当然也不缺少知书识字的人，但只是知书识字并不能称其为文学家。在巴比伦，懂得书写虽然并不能获得很高的社会地位，但却不失为进入政府机关和神庙就职的一种手段。和今天有些人喜欢在名片上印个"某某硕士""某某博士"的头衔一样，知书识字的巴比伦人也喜欢将书记身份的标记

追溯古文明

刻在其圆柱形的印章上。巴比伦人使用的是用铁笔书写在湿润泥板上的楔形文字。如信件之类的是写好后，首先扑粉；然后装入信封（亦为黏土制成）；最后，加盖印章送出。书写后烘干的泥板称泥简，泥简可藏于瓶罐内，也可置于书架上。巴比伦宫廷及神庙中藏有大量泥简。巴比伦泥简，现除巴尼帕图书馆所藏的3万块外，其余已不复存在。这批泥简在图书馆中有着完整的摹本。这批宝贵的资料，就是现代史学家研究巴比伦文明的主要凭据。

若干世纪以来，巴比伦文化成为学术史上的一个难题。哥廷根大学的希腊文教授格奥尔格是首先摸到这个难题门径的人。1802年他在哥廷根大学讲演时，曾提到他是如何读懂来自古波斯石刻上的楔形文字，如何费了多年工夫才认识了40个字中的8个字，以及如何运用这8个字找出石刻上的三个国王的姓名等一系列问题。这是一个很好的开始，但后来不知为什么就停滞了。直到1835年，一位英国外交官驻守波斯时，同样的工作才又开展。开展这项工作的外交官，就是亨利·罗林森。他与格奥尔格素不相识，但却以同样的方法读出了刻于古波斯石碑上三个国王（斯伯、大流士、薛西斯）的名字。

罗林森根据这个线索发现了一个古石刻，该发现与之后发现的罗塞塔石碑前后呼应。这个石刻来自于米底亚山中一个叫贝希斯敦的地方。它研读起来并不容易，因为石刻刻在一块距地面三百余米高的悬岩上，四面又无路可走。罗林森每天冒着生命危险，带着绳索向上爬。他先一笔一画仔细抄录，怕不正确，又用石膏将所刻文字全部印下来，研究了12年，最终获得了成功。

1847年，罗林森提出了一份报告，他根据大流士一世在贝希斯敦所立的记功碑，读懂了巴比伦和亚述文。皇家亚

洲研究协会为检验这项成果，曾用一个从未公开的楔形文字文件，分别由四位经罗林森训练出来的亚述文专家翻译。译时不得"偷看"或"传递"，结果四人的答案基本一致。现在的史学家，之所以知道有巴比伦文化存在，可说与以上学者的辛苦研究是分不开的。

巴比伦文是闪族文的一支。巴比伦文由苏美尔文及阿卡德文混合演变而成。苏马利亚文就是最早的巴比伦文。后来，由于加入了方言及时尚的因素，巴比伦语变成了一个新体系。

我们相信古代的巴比伦人是可以读懂苏马利亚文的。现代的学者若没有丰富文法等工具书籍的帮助，是很难解读这些古代经文的。目前存于尼尼微皇家图书馆的泥简、字典及文法，从苏美尔文译成巴比伦和亚述文的占了1/4。专家证实，有些典籍的成书年代，竟可上溯至阿卡德的萨尔贡一世时代——这可算是世间最古老的典籍。和苏马利亚文字一样，巴比伦文字不是由字母组成而是由若干音节组成，巴比伦的文字有三百多个。在神庙附立的学校里，祭师传授给巴比伦孩子的便是这些文字。前不久。有人发掘出一个学校的遗址。孩子们正兴致勃勃地在泥板上写东西的情景被永远定格。从遗物判断，这些人生活在纪元前两千余年。据推测，他们是在上课时遭受意外灾祸而丧生的。

巴比伦人将文字视为商业工具，这和腓尼基人一样。他们似乎并未花多少工夫就使它变成了文学。我们确实曾发现用韵文写成的动物故事，但这种故事只在一个朝代存在便转瞬即逝了。有很多分章节有韵律的圣歌，诗歌中，非宗教性的作品很少见。戏剧及历史故事则很丰富。巴比伦史官对历代帝王的祭祀征战，神庙的兴建修

追溯古文明

罗塞塔石碑的发现为释读楔形文字提供了巨大的帮助

复,地方的重大事情,均有相当详细的记载。巴比伦最负盛名的历史学家贝洛苏斯(约生于纪元前280年)所著的巴比伦史,是从开天辟地后的第一位巴比伦帝王写起的。他认为这位帝王是奉神之命治理巴比伦的,统治时间达36 000年。据他推测,从开天辟地至洪水泛滥,为时长达691 200年之久。

在亚述巴尼帕图书馆,藏留的12块残破泥简现已成为大英博物馆中的珍品。这12块泥简所记述的,就是美索不达米亚文学作品中最动人的吉尔伽美什的故事。这篇故事和希腊的史诗相类似,也是由多个不同的故事连缀而成的。故事所涉及的时代,可追溯至公元前3000年,最晚则到巴比伦的洪水泛滥时期以后。

说起美索不达米亚文学,人们总是首先想起人类历史上最著名的第一部史诗《吉尔伽美什》。确实,这是两河流域文学中最杰出的作品之一,它充分显现了东方文学的巨大魅力,足以让美索不达米亚人民引以为荣。

在19世纪中叶,这部史诗的主要部分从亚述古都尼尼微出土,在经过学者们约半个世纪的发掘整理后,到20世纪20年代,这部史诗的泥版已基本复原,翻译和注释也基本完成。我国也有该史诗的中文译本。这里特别要提到的是大英博物馆的乔治·史密斯,是他首先"发现"并注意到这部史诗的。人们是在他的成功释读及尼尼微遗址的实地考古下,注意到了这部古老史诗并对其进行翻译研究的。可以说,史密斯为史诗《吉尔伽美什》的重新面世作出了巨大贡献。

整部史诗总共3 500行,载于12块泥版上。史诗分为前言和正文两大部分。前言主要对吉尔伽美什进行了描述。吉尔伽美什是乌鲁克国王,他是人神结合体。众神创造了他完美的身躯,并赋予他美貌、智慧、勇敢,使他具备世人无法具备的完美品质。按情节发展正文可分为七个部分,讲述了英雄一生的传奇故事。故事的梗概是这样的:

吉尔伽美什成为乌鲁克国王后,性情暴戾,荒淫无度,弄得民不聊生。天神听到百姓的哭诉后,就为吉尔伽美什创造了一个对手恩奇

都,天神让恩奇都去制服吉尔伽美什。两位英雄经过厮杀后,不分胜负。最后,两位英雄相互敬佩,结成了莫逆之交。他们生活在一起,做了许多有益于人类的事,其主要事迹有杀死保卫松树的怪物洪巴巴,反抗女神伊什塔尔,击毙女神派来的天牛等。在吉尔伽美什为民除害,杀死巨妖洪巴巴、救出女神伊什塔尔的过程中充满了危险,但吉尔伽美什勇敢无畏,不怕牺牲,誓死也要完成这项艰险的任务。经过残酷的战斗,吉尔伽美什和恩奇都终于取得了胜利。吉尔伽美什因此得到了百姓的尊敬和爱戴,并赢得了伊什塔尔的爱情。女神充满激情地向英雄倾诉道:"请过来,做我的丈夫吧,吉尔伽美什!"女神还说,如果吉尔伽美什接受她的爱情,就能享受无尽的荣华富贵。不料,伊什塔尔遭到了吉尔伽美什的拒绝。吉尔伽美什不喜欢伊什塔尔到处留情,不珍惜自己的爱人。伊什塔尔遭到拒绝后,由爱生恨,便请天牛替她报受辱之仇。吉尔伽美什和恩奇都与天牛展开了生死搏斗,最终除掉了天牛。不幸的是,伊什塔尔的父亲天神安努偏爱女儿,帮助伊什塔尔惩罚了他们。天神使恩奇都患上致命的疾病,离开了人世。挚友的去世,使吉尔伽美什痛不欲生,同时也充满了对死亡的惧怕。吉尔伽美什决心去找他祖先乌特·纳比西丁,探寻永生的秘密。经过长途跋涉、历尽千辛万苦后,终于找到了乌特·纳比西丁。乌特·纳比西丁向他讲述了人类曾经历大洪水的灭世之灾,但自己一家得到神助而获得永生的经过。显然,乌特·纳比西丁获得永生的秘密对吉尔伽美什已没有丝毫意义,因为再也不可能有这种机遇了。但在吉尔伽美什临行时,乌特·纳比西丁赐给他一份能起死回生而且还能长生不老的药。但不幸的是,在他快要到家时药被盗了,最后吉尔伽美什只得万分沮丧地回到了乌鲁克。他回到乌鲁克城后见庙就入,见神就拜,请求诸神让他的朋友复活,最后诸神被他的真诚感动,于是让恩

奇都复活了。全诗以吉尔伽美什与恩奇都的对话结束。

故事情节曲折，情节跌宕起伏，语言优美简练，深刻地反映了人们对探索生死奥秘这一自然规律的渴望。也反映了人们反抗神旨但最终难逃失败的悲剧色彩。虽然史诗带有强烈的传奇色彩，但在一定意义上体现了某些真实的历史过程。在巴比伦时期的泥版以及石刻中，许多内容都是以吉尔伽美什的传奇故事为题材的，说明该史诗不仅有很高的文学价值，而且还有重要的史学价值。

谈及巴比伦文学作品，从《吉尔伽美什》便可见一斑。我们说此诗表现了丰富的美感倒是恰如其分的。巴比伦是个主张享受，有浓厚商业色彩的社会。巴比伦人享受的情况，从其所遗留下来的手工艺品可以体现出来。在巴比伦文物中，我们可看到精研细磨的花砖、闪闪发光的宝石、精工铸炼的青铜、制作精美的刺绣、五彩缤纷的袍挂、柔软耐用的地毯、富丽堂皇的家具，以及种种奇巧的金银制品。仅珠宝一项，数量就相当惊人，但制作工艺却没有埃及人精巧。巴比伦黄金充足，以黄金制成的神像其数量非常可观。巴比伦乐器种类繁多，有笛、竖琴、风笛、七弦琴、鼓、角、牧笛、喇叭、铙钹及手鼓等。巴比伦宫廷、神庙及富贵人家，每逢祭典与婚丧喜庆，均备有乐队歌手。歌手表演有时为独唱，有时为合唱。

绘画并没有独立留存下来，只有少数墙壁雕像饰品存留下来。如埃及的陵墓艺术，克里特的宫廷壁画，并未在巴比伦废墟中发现。巴比伦的雕刻也停留在原始状态。就出土的作品观察，其技巧好像来自苏美尔地区。也许是受祭师严格控制的缘故，所有人像都是一个模式。帝王总是威武的，俘虏总是瘦弱的。巴比伦雕像发现的极少，而且均无太大的观赏价值。

稍有特色的浮雕也很简陋，并且

亚洲文明

缺少变化，与埃及一衣带水的巴比伦，想不到浮雕技术与其相差如此之大。埃及的浮雕技艺，早它一千多年就已发展得很成熟。但巴比伦浮雕，则尚停留在相当原始的阶段。现存作品中除几件关于动物的雕刻还差强人意外，其余均成就不大。

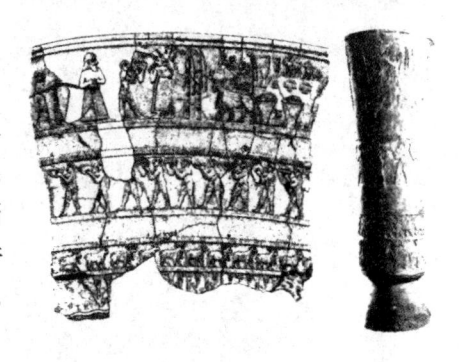

今天人们所知的巴比伦建筑，除沙地上所留存的几尺残垣断壁外，均无其他资料可作为依据。从仅存资料看，无论宫殿或神庙，好像都没有雕刻及绘画的点缀。巴比伦住宅一般是以泥筑成，富有之家才能用砖。住宅上很少开窗。虽然有门，但也朝向院子而不朝向街道。普通人家皆为平房，富贵人家才有楼房。

神庙大都先垫高地基，然后再进行建筑。建筑神庙的材料，都是方形的石块。同住宅一样，神庙也是中央为院子四边修房屋。四周房屋的屋檐往往不止一层，中央的院子是用来进行宗教活动的。神庙附近多建有塔。塔分若干层，下大上小，有可逐层而上的阶梯。塔的用途可能有两种：一种是作为供神之所，一种是作为祭师的观象台。最大的塔名为"七星塔"。此塔共有七层，每层漆着不同的颜色，一层代表一颗星。最下层是黑色，代表土星；其次是白色，代表金星；第三层是紫色，代表木星；第四层是蓝色，代表水星；第五层是红色，代表火星；第六层是银色，代表月亮；最上层是金色，代表太阳。这七颗星，每颗星为每周中一天的代表。

七星塔至今还在。这座塔的结构，从上到下都是直线，从塔上我们感受不到艺术氛围。尽管它有许多圆顶及拱门，但这些东西显然是无意中从苏美尔文明中学来的。除了那表面上的釉，刻有简单的鸟兽花木的砖，内外均再无装饰。这些砖，红、黄、蓝、白各色俱全。运用彩色上釉之砖，与其说是求美，不如说是求持久。以上釉之砖为材料，可算其建筑上的一大特色。上釉之砖颇为美观，但尽管有

47

追溯古文明

这种材料,巴比伦人也未将他们在建筑上的才能充分发挥出来。一般而言,巴比伦建筑平凡单调,同时随修随废,并不如埃及人或中世纪的欧洲人,对其建筑作保留千年万世的构想。在巴比伦全盛时期,由于奴隶众多,神庙建筑比比皆是。但不久,这些神庙便渐渐倾塌了。巴比伦建筑的平均寿命很少有超过50年的。巴比伦之所以没有出现伟大的建筑,可能是受材料的限制。砖,太脆弱了,任你怎么使用,它都无法永久保留下来。然而永久及高贵,却是伟大建筑的必要条件。

作为商业社会的巴比伦,科学技术发展迅速。商业要求精于计算,计算便会产生数学。数学加上宗教的要求,便诞生了天文学。在美索不达米亚,祭师常身兼数职。他们是法官,是执政者,是地主,是商人,也是预言家、星相家。要当好一个预言家及星相家,就必须通晓天文。巴比伦祭师虽然不是为天文学而研究天文学,但天文学的基础的确是由他们奠定的。巴比伦的天文学后来流传到希腊。由于脱离了宗教的羁绊,这门科学因而获得了更进一步的发展。

在天文学、数学、医学方面,巴比伦文明仍为人类文明作出了巨大贡献,但这都无法一一细述。此后两千多年,波斯人、马其顿人、阿拉伯人、蒙古人、土耳其人……一批批征服者来到这片土地。谁都想在这里重新开创自己的历史,因此他们都不把巴比伦文明放在眼里,最终只残留了一些遗存供后世的考古学家拿着放大镜勘察。

19世纪上半叶,在美索不达米亚,考古学家挖掘出约五十万块刻有楔形文字、跨越诸多巴比伦历史的泥版书。其中有近四百块被鉴定为载有数字表和一些数学问题的纯数学书版，现在关于巴比伦的数学知识就来源于对这些原始文献的分析。

古代巴比伦人是具有高超计算技巧的计算家，其计算过程是借助乘法表、倒数表、平方表、立方表等数学表来实现的。尤为值得注意的是巴比伦人书写数字的方法。他们引入了六十进制，直到16世纪，希腊人、欧洲人一直将六十进制系统运用于数学计算和天文学计算中，即便是现在六十进制仍被应用于角度、时间等记录上。

巴比伦人有丰富的代数知识，许多泥书版中记载有一次方程和二次方程的问题，今天的配方法、公式法都与他们解二次方程时使用的方法相一致。此外，他们还讨论了某些三次方程和含多个未知量的线性方程组问题。

在公元前1900年—前1600年的一块泥版上记录了一个数学表，经研究证实其中有两组数分别是边长为整数的直角三角形斜边边长和一个直角边边长，由此可推出另一个直角边边长。

巴比伦的几何学与实际测量是紧密相关的。古巴比伦人已懂得相似三角形的对应边成比例的知识，会计算简单平面图形的面积和简单立体的体积。

我们现在把圆周分为360等份也是古巴比伦人的功劳。巴比伦几何学的主要特征更在于它的代数性质。

在早期文明中古巴比伦的数学成就达到了极高的水平，但积累的知识仅仅是观察和经验的结果，还缺乏理论上的探讨与概括。

巴比伦人将圆周分为360°，将一年分为360天，后来的六十进位和十二进位法都源于这个基础。在巴比伦人的命数法中只有"一""十""百"三个符号。把一反复使用可得到九，把十反复使用可得到九十，把百反复使用可得到九百。巴比伦人还发明了许多数学表，如乘法表、除法表，甚至二分之一、三分之一、四分之一、平方、立方都有表。由于表的广泛运用，使他们在运算时非常

古巴比伦壁画

追溯古文明

泥版上的楔形文字是古巴比伦科学记录的真实体现

方便。巴比伦几何学也较为进步，他们不仅可测量简易规则的图形面积，而且可测量复杂及不规则的图形面积。不过有一点令人不解的是，巴比伦人对圆周率的数值，只计算到第三位。这么粗略的数值，对一个以精通天文学著称的民族而言，未免太不相符。

天文学堪称巴比伦的特殊成就。在古代，没有任何一个国家能够在天文学上超越它。古巴比伦人研究天文，并不是用于为航船导航上，而是用它来解答人类未来的前途。可以说他们先是星相家而后才成为天文家。在巴比伦，每颗星代表一个神，这些神都与人息息相关。例如，木星是马尔杜克，水星是纳布，火星是涅尔伽，太阳是沙马什，月亮是辛，土星是尼努尔达，金星是伊什塔尔。他们已能够观察天象，并绘制出星座图。天文学是随着天象知识的积累而发展起来的。

公元前2000年，巴比伦人对于与太阳一同出没的金星，已能作出很精确的记录。由于知识的积累，古代的巴比伦人，不但能确定出许多星座的位置，而且能作出整个天体图。亚述人的征服，使巴比伦对于天文学的研究停滞了1 000年之久。直到尼布甲尼撒二世中兴时期，大家对于研究天文学的热忱才再次激发。这一时期的祭师科学家测出了太阳和月球的轨道，发现了日食和月食及朔望的规律，找出了行星和恒星的区别，确定了冬至、夏至、春分、秋分。

巴比伦天文学家认为行星是恒星，行星的运行，可依观察而得。但现在的天文学家所谓的行星，是以一定规律绕日而行的天体。

按照苏美尔人的办法，巴比伦人将黄道（地球绕日的轨道）划分为十二宫。巴比伦人将整个黄道，先分为360度，然后，每度分60分，每分为60秒。他们还发明了漏壶、水钟、日晷来计时。

亚洲文明

巴比伦人将一年划分12个月，其中六个月有30天，六个月有29天。由于这样划分，一年仅354天，所以每隔几年中又设一个闰月，即有些年为13个月，以符合季节的变化。巴比伦人将月划分为四周，以应月之盈亏。有一个阶段，为了建立一种更为整齐的历法，他们曾把一周定为五日，一月定为六周。但这种分法因不如以月之盈亏来分方便，因此并未通行。对于一天的划分，巴比伦的算法，不是从子夜到子夜，而是以这一次月出到下一次月出为标准。他们把一天划分为12个时辰，每一时辰划分为30分钟。因此，巴比伦的一分钟，相当于我们现在的四分钟。根据上述内容可知现在世界通行的时制，一月分为四周，一天分为12小时（现改为24小时），一小时分为60分，一分是60秒，显然都源于巴比伦。

巴比伦在制作天体图后，又开始制作地图。今天我们所知的世界最古老的地图，要数尼布甲尼撒二世时期的帝国图。这幅图是由祭师绘成，其上列有帝国道路及城市。人们在巴比伦北三百二十多千米处的废墟里，发现一份绘在泥板上的地图。此地图面积虽只有6.5平方厘米，但其上却有山有水有城市。地图上用曲线表示山，用折线表示水，用双曲线表示河流，用文字表示城市，南北指标则标注在固廓上。

医学相对于天文学，虽然都是依宗教而发展起来的科学，但受到宗教的限制显然更多。医学受到宗教的束缚，不是因为祭师的专断，

追溯古文明

而是因为人民的迷信。大约在汉谟拉比时代,医生已从祭师之中分离出来。根据法典规定,医生为病人治病,可以收费,但对其医术须负责任。而且医生收费也有规定,一般有钱人多收,穷人少收。法典上更曾有这样的记载:医生因医术不良,致使病人受到伤害者,在某种情形下,可剁其十指。

虽然巴比伦医学发达,但医生常常感到英雄无用武之地。因为巴比伦人生病,先是求神问卜,最后才会找医生。巴比伦人认为,人得病是因为得罪了神,致使魔鬼附身。所以,治病应当先忏悔求神赦罪,并画符念咒驱鬼。如果必须用药,则目的不在帮助病人康复,而在以药吓鬼。最脏、最臭的东西是鬼最怕的药。因此,蛇肉、刨花、尘土、酒、油、加上人或动物的粪便,便是特效药了。为了求鬼离开,偶尔弄点好东西做药也是有的。所谓好东西,例如牛奶、蜂蜜、奶油,及闻起来有香味的草等。如果以上种种办法都不灵,最后才去找医生。

其实,仅靠有关医学的800块残存泥简,对整个巴比伦医学作断定是不科学的。因为依靠片段无法呈现原貌。此外,他们这样做也许饱含深意。或许,他们用符咒治病,不过是一种催眠治疗的幌子;他们用粪便做药,目的在于达到催吐作用;他们所谓的有鬼附身,不过是对于今日细菌作祟的另一种解释。又或许他们所谓的得罪神灵,和现在人们所说的不卫生、贪嘴、生活不规律等同义。

追溯古文明
HUISU GU WENMING

欧洲文明

追溯古文明
魅力四射的古希腊文明

西方文明起源于希腊。古希腊的人文和科学精神是西方文明重要的思想来源。因此可以说古希腊文明是西方文明之母。魅力四射的古希腊文明以其独特的韵味吸引着无数游人和科学家的目光。

古希腊文明简介

古希腊是西方文明的源泉，爱琴海区域又是古希腊文明的发源地。爱琴文明发源于克里特岛，后来文明的中心又转至迈锡尼，因此爱琴文明亦被称为"克里特—迈锡尼文明"。

克里特文明又称"米诺斯文明"，这一称谓源于古代希腊神话中克里特王米诺斯的名字。地中海东部的克里特岛是欧洲最早的古代文明中心，是古代爱琴文明的发源地。公元前2000年克里特岛上出现了欧洲最早的奴隶制国家克诺索斯。克诺索斯位于克里特岛北部，其王宫由多座两层以上的楼房组成，并拥有专为祭祀所建的完美建筑群。克里特文明拥有兴旺的农业和海上贸易，宫室建筑及绘画艺术亦很发达，是世界古代文明的重要一支。公元前1450年前后，希腊人主宰克里特岛，并逐渐与当地原有居民融合，克里特文明随之湮灭。公元前16世纪上半叶出现的迈锡尼文明，分布在希腊大陆及爱琴海诸岛。该文明得名于希腊最强大王国的首都迈锡尼。爱琴文明是古希腊文明的开端，它前后历时800年。

公元前 8 世纪，希腊人建立的城邦出现于希腊本土和小亚细亚西海岸，后来以斯巴达和雅典最为繁荣。到了公元前 5 世纪，希腊地区空前繁荣，奴隶制经济高度发展。当时的雅典不仅是希腊最繁荣的城邦，还是地中海的霸主。

在古希腊时期，产生了世界上一批最伟大、最富创造性的智者：哲学家苏格拉底、柏拉图和亚里士多德，剧作家埃斯库罗斯、阿里斯托芬，历史学家希罗多德和修昔底德等。这些人是人类有史以来最伟大的一群人，他们拥有着最伟大的思想。

古希腊的时代虽已终结，但古希腊灿烂的文明却始终闪动着耀眼的光辉。它在之后的几个世纪里一直照耀着西方的知识界。即使历经千余年的沧桑，它仍能再次唤醒人们对理性、对人性的关注。

文明兴起的时代——荷马时代

公元前 12 世纪—前 8 世纪，希腊历史走过了从落后倒退又重新复苏的曲折发展阶段。这一时期的主要文化遗产是《荷马史诗》，它是欧洲最早的文学巨著，由《伊利亚特》和《奥德赛》两部作品构成。相传作者为希腊的荷马，所以被称为《荷马史诗》。

《荷马史诗》的诗体是六音节诗，六音节诗是古代游吟诗人常用的一种诗体，其每行约十二个轻重音，朗诵起来很悦耳。《伊利亚特》共 24 卷，15 693 行，主要叙述希腊盟军围攻特洛伊的故事。因盟军统帅阿伽门农抢走了阿喀琉斯的女奴，英勇的将领阿喀琉斯愤然退出战场，使希腊人屡遭失败。后来阿喀琉斯的好友在战斗中被杀，这激怒了阿喀琉斯，于是他重新投入战争，杀死了特洛伊主将赫克托尔，特洛伊国王普里安姆讨回了赫克托尔的尸体并举行葬礼。至此，这部壮丽的史诗完结了。《奥德赛》共 12 110 行，主要

叙述伊大卡国王奥德修斯在攻克特洛伊后回国途中10年漂泊、历经艰险的故事。诗中描写了奥德修斯在回国途中海上历险的故事。在他流落异域期间其妻子被伊大卡及临国贵族们欺侮，并被逼改嫁，她巧施计谋拖延求婚者。最后，诸神可怜奥德修斯，让他扮成乞丐还乡归家，与妻子一起除掉了求婚的贵族们，从而恢复了他在伊大卡王国的权力。这两部宏篇巨制的史诗，不仅是古代西方文学的宝贵财富，而且为人们解读迈锡尼文明灭亡后的希腊社会提供了十分有价值的线索。作为希腊民族童年时代写照的《荷马史诗》，不仅为研究希腊文明起源提供了宝贵文献资料，更反映了当时人类所共有的特征，具有很高的认识意义和研究价值。

荷马头像雕塑

经德国学者谢里曼和英国学者伊文思证实，《荷马史诗》的创作是有一定历史依据的。公元前10世纪前后，史诗初步形成，但叙述的都是公元前2000年—前1000年初地中海东部一带的氏族社会向奴隶社会演化的壮美故事。史诗开始时以民间口头形式流传，后来在流传的过程中不断进行加工创新，使语言更加凝练，内容也更加丰富。再后来故事和情节被固定了下来，又经过几个世纪的加工修改，才形成了现在的形式。至于作者荷马，或许并无其人，只是史诗的一个名称；或许他就是史诗中所赞颂的一个英雄的原型或一个代表；也可能是他把民间传说以叙事诗的形式用文字确定下来的。但人们大都相信，荷马这个人在历史上真实存在过，他是这两部史诗的创作者，也是把古代英雄传说用史诗这种艺术形式

表现出来的伟大诗人。古代希腊许多职业歌手、乐师或文学艺人都是盲人，他们或是被人弄瞎成为专事歌乐的奴隶，或是因生病导致双目失明而选择这种职业以求生路，传说荷马也是一位盲人，这或许有一定的历史根据。

荷马时代大致处于野蛮时代高级阶段的鼎盛时期。我们从荷马史诗特别是《伊利亚特》中可以看到：完善的铁器、风箱、手磨、陶工的辘轳、榨油和酿酒业，作为手工艺的金属加工、货车和战车，用原木和木板造船，设有雉堞和箭楼的城墙围起来的城市。荷马史诗以及全部神话是希腊人"由野蛮时代进入文明时代的主要遗产"，这些遗产有助于人们了解荷马时代的社会状况。

古希腊文明的盛期

希波战争是以雅典、斯巴达为首的希腊城邦抗击波斯帝国的战争。波斯帝国的侵略扩张，引起希腊各城邦的反抗是战争的实质和原因。战争奏响了一曲以少胜多、以弱胜强的胜利之歌，从而改变了西方乃至世界的形势，有力地促进了希腊社会的变化和发展。

波斯帝国作为古代东方奴隶社会发展到帝国阶段的一支新力量，对外扩张的欲望极强，最终成为古代东方文明地区的大帝国。公元前6世纪中期，小亚细亚地区西部的米底王国被波斯帝国消灭。它接着征服了小亚细亚地区的各希腊城邦。公元前514年—前513年，波斯国王大流士率军渡博斯普鲁斯海峡进入欧洲，占领了赫勒斯滂海峡和色雷斯地区，对雅典等城邦造成很大威胁。波斯帝国不满足于雅典等城邦的商业被依附于波斯帝国的腓尼基商人把持，因此野心勃勃地企

图征服整个希腊。在这种形势下，希腊各城邦只有奋起反抗，进行一场反抗波斯帝国侵略的卫国之战。希腊境内到处燃起反抗波斯侵略的火焰。公元前500年，米利都最先发起反抗起义。起义爆发后，爱奥尼亚地区的一些希腊城邦积极响应，米利都向希腊本土求援，雅典出动20艘舰艇，爱列特里亚也派五艘战舰东渡作战，在援军的帮助下，米利都起义取得了胜利。起义军攻克了波斯帝国在小亚细亚的总督府所在地萨尔迪斯，焚城而退。大流士得知这一消息后，立即挥师西进，妄图踏平希腊。公元前494年米利都起义军被波斯帝国武力镇压。据希罗多德记载，米利都财富被抢光，城市被摧毁，大部分男子被杀，妇女、儿童被押至波斯首都苏撒做奴隶。此后，小亚细亚地区各城邦被摧毁，大流士则把侵略矛头直接指向了希腊本土。

公元前492年，波斯海陆大军沿色雷斯海岸向希腊进攻，结果海军在驶近阿陀斯海角时遭遇了大风暴，大部分舰艇沉入海底，两万海军葬身鱼腹。而陆军在色雷斯受到当地土著部族的伏击，损失惨重。但大流士并不甘心，一面加紧备战，一面派使者到希腊各邦索取"土和水"，即要求希腊各邦臣服于波斯。雅典和斯巴达坚决反对，雅典人把波斯使者抛进深渊，而斯巴达人则把使者投入井里，并嘲讽说：

欧洲文明

"井里有土又有水,要多少就拿吧!"大流士继续发动对希腊的进攻,随即爆发了希腊人民反击波斯侵略者的两次重大战役。

公元前490年,大流士再次挥师进攻希腊,波斯海军越过爱琴海直扑希腊本土,先攻下爱列特里亚,然后乘船在雅典附近的马拉松登陆,企图一战拿下雅典。雅典全国紧急动员,近万名士兵急赴马拉松进行反击,这就是历史上著名的马拉松战役。此前,斯巴达曾表示会增援雅典,战争爆发后雅典派人前往斯巴达求援,但那时正值斯巴达全国举行重要宗教祭典之际,按惯例要在祭期结束后才能出兵。雅典人只好靠自己的力量来保家卫国,面对数万波斯大军,雅典人以赤诚的爱国之心,发动农民、工人、商人及一切能上前线打仗的男子参加战斗反击侵略者。这时,邻邦普拉提亚派来1 000人支援,这大大鼓舞了雅典人的士气。战争非常激烈,在马拉松平原上,雅典人以一当十,英勇无敌,充分利用有利条件和熟练的战术,决心与不可一世的波斯军队决一死战。波斯骑兵夜间经常在沼泽地放马,战斗时不能及时返回。雅典人便利用这一弱点在清晨向波斯军队发起突袭,同时他们知道波斯军队在战斗中惯于把主力放在中央,所以雅典人就把自己的军队分为两翼,一旦两军交战,雅典军便假意在波斯军强大的压力下向后撤退,而两翼则迅速向敌军纵深插入,形成左右夹击之势,然后包围聚歼。波斯军队阵形大乱,伤亡惨重,溃败者狼狈地窜上舰船,离岸逃遁,雅典人大获全胜。据记载,波斯军队阵亡6 400人,而雅典方面阵亡只有192人。雅典人以高昂的士气和巧妙的战术,奏

59

追溯古文明

响了一曲以弱胜强、以少胜多的胜利之歌。马拉松战役胜利后，长跑健儿斐力必德飞奔回雅典报捷。为了让雅典人民早一点知道这个惊天动地的喜讯，他一口气跑了四十多千米。然而，在到达雅典城后，他只说了一句"我们胜利了"便气绝身亡。为了纪念马拉松战役的胜利和长跑健儿斐力必德可歌可泣的英勇事迹，人们在奥林匹克运动会上特别设置了一个竞赛项目——马拉松赛跑，此项比赛一直沿续至今。

马拉松战役后不久，大流士就病死了。其子薛西斯继位，加紧物资储备企图征服希腊。雅典人经过马拉松战役，懂得了怎样抗击波斯人的侵略。他们修造舰船加紧备战，联合希腊其他城邦结成反抗波斯的同盟。波斯人则在各地强行征用人、财、物，以充实军力随时准备向希腊再次宣战。公元前480年，由国王薛西斯亲率，号称百万的海陆两路波斯军队，驾驶战舰沿色雷斯海岸再次向希腊发起进攻。而希腊联军只有11万陆军和400艘战舰。战争形势十分严峻，希腊人决心以炽热的爱国之心、勇敢顽强的意志和无比的机智来战胜侵略者。战争的第一回合就是著名的温泉关之战。温泉关是一个临山靠海的险关，希腊联军派遣斯巴达国王利奥尼达斯率领300名勇士在温泉关屯守，迎战侵略者。波斯人多次进攻都没能得手，不可一世的薛西斯十分丧气。此时，由于一个山民的指点，波斯人知道了有一条小道能绕至温泉关的背后，致使战

欧洲文明

争势态发生了根本性的变化。利奥尼达斯指挥其他军队迅速撤离,自己率300名斯巴达战士严防死守,誓与温泉关共存亡。经过激烈的交战,终因寡不敌众,利奥尼达斯和他的士兵们全部壮烈牺牲,温泉关失守。直到现在,当年将士们的殉难地还立有纪念他们英勇事迹的石碑。希腊人英勇保国的精神名扬千古,鲁迅先生于1903年发表的《斯巴达之魂》一文中,曾歌颂斯巴达武士之魂与地球共存。

温泉关失守后,波斯军侵入希腊本土,主攻雅典。雅典人民在海军统帅特米斯托克利的指挥下,将妇女、儿童和财物转移到附近的岛上,成年男子应征入伍,准备在萨拉密湾与波斯人决一死战。决定胜负的萨拉密海战爆发在即,波斯军队入侵雅典后烧杀抢掠,骄横野蛮,更激起雅典军民奋起反击的决心,加之有温泉关战役300名斯巴达战士视死如归的战斗精神的鼓舞,他

61

追溯古文明

们信心十足，斗志昂扬。公元前480年9月22日，萨拉密海战打响了，波斯舰队封锁了海湾，并包围了雅典海军。在这生死存亡的时刻，特米斯托克利沉着指挥雅典海军集中力量反扑波斯舰队。他们从侧面猛烈撞击波斯船只，刹时，萨拉密海湾杀声震天，浓烟滚滚，虽然波斯军舰队规模庞大，人多势众，但在狭窄的水域中面对英勇无比的雅典将士则完全丧失了作战能力，舰船接二连三被击沉。傍晚时战斗结束，曾经不可一世并拥有千余艘战舰的波斯海军溃不成军，有三百余艘战舰被击沉，而希腊军只损失了40艘战舰。

希腊赢得了希波战争的胜利，使世界历史发生了改变。试想，若是波斯侵略希腊的野心得逞，那么希腊刚刚燃起的文明之火就可能熄灭。希腊的胜利有力地挫败了波斯的扩张野心，使得希腊古典文明得以继续，后来传至罗马，延及欧洲，逐渐形成了西方文明。可见，希腊人的胜利，不仅实现了保家卫国的目的，更使希腊的文明得以保存和延续，并走向繁荣。

希腊化时代的希腊文明

由于雅典与斯巴达的发展，在称霸希腊方面双方矛盾日渐加剧。两雄相争，战争不可避免，在斯巴达和雅典之间终于爆发了被称为"伯罗奔尼撒战争"的战役。这场战争从公元前431年—前404年，持续了27年，波及了整个希腊。

伯罗奔尼撒战争后，希腊城邦走向衰败，这次战争成为希腊历史上的转折点。这是奴隶制经济发展的必然结果，也是在这种制度下国家发展规律作用的结果。

希腊城邦危机体现在奴隶制经济的发展导致城邦经济基础被破坏；强化奴隶主的统治，从而加剧了社会的内部矛盾，使大大小小的战争接连不断。战争成了奴隶的主要来源，一场战争下来，胜利者屠杀失败者，将妇女、儿童卖为奴隶。奴隶主们借机大发横财，他们用更多的奴隶从事生产，为自己创造财富。伴随奴隶制经济的发展，实力雄厚的大奴隶主开始兼并土地，发展大手工业，财富激增；而越来越多的小手工业者破产。公元前4世纪，奴隶制大农场和奴隶制大手工业作坊的比重逐渐增大。那些在战争中敛财的富人不只从事土地投机活动，而且还大量从事粮食、工业原料的投机活动。战争破坏了贸易关系，这时国家也无力筹措粮食，尤其是那些依靠外地输入粮食的城邦，粮食供给十分紧缺，饥荒战乱使那些粮食投机商大发横财。财产分化在高利贷和金融业的发展下变得更为严重，小农阶级和手工业者纷纷破产。那些破产的农民和手工业者，只能沦为游民无产者或充当佣兵，为那些大奴隶主卖命。这证明希腊古典城邦小农阶级和手工业者的经济已遭到严重破坏，他们与大奴隶主的矛盾日益剧烈。为巩固统治，大奴隶主对平民进行大力压制，致使城邦危机更加严重。

在财产分化加剧和阶级斗争尖锐化的情况下，许多城邦爆发了反抗大奴隶主的贫民斗争。例如，公元前399年，在斯巴达发生了破产公民基那敦密谋组织起义的事情。当时在战争中发了财的人大肆聚敛财富，使许多人失去了份地，丧失了公民权，成为"下等人"，基那敦就属于这种人。他发现城乡到处充满了伺机起义的同盟者，于是便联络希洛人和皮里奥西人一同反抗，不幸的是因叛徒告密，起义被镇压，但它说明了公民中的穷苦人已经同奴隶站在一起，反对奴隶主了。公元前392年，在科林斯爆发了贫民反抗奴隶主贵族的武装起义。那些奴隶主贵族逃到神庙里，钻进神坛或神像下避难，但起义者不畏神灵，勇敢地攻入神殿，毫不留情地杀掉了他们。公元前370年，在亚尔果斯爆发了大规模的起义，起义群众以棍棒为武器，击杀奴隶主一千五百多人，没收并分配了奴隶主的财产。这诸多起义都表明了当时各城邦内部矛盾激烈。每个城邦，无论它多么小，都分成两个敌对阵营，一半是穷人的城邦，一半是富人的城邦。穷人和富人已经到了势不两立的地步,"富人宁肯把钱投入海中,也不愿救济穷人;而最穷的人也不以占用富人的财产为满足,必剥夺他们的财产而后快"。

外部关系上,希腊各城邦间混战不停,社会危机日益加剧。伯罗奔尼撒战争后,斯巴达成了全希腊的霸主。从前属于雅典统治的提洛同盟各城邦,现在又落入了斯巴达的统治之下。斯巴达不但向这些城邦征收更高的赋税,而且还干涉他们的内政,强迫他们推行寡头政治,还派监督驻守在各城邦。斯巴达的横征暴敛、倒行逆施使各城邦产生强烈不满,并且伺机进行反抗。另外,在战争中,斯巴达的老盟邦科林斯和墨加拉等都作出了巨大的贡献,而斯巴达却在战后独吞战果,把他们放在一旁,这引起了老盟邦无比的愤怒。公元前399年,斯巴达与波斯爆发战争,波斯利用斯巴达和希腊各城邦之间日积月累的矛盾,鼓动并资助希腊各城邦反抗斯巴达。公元前395年,由底比斯率先发动起义,雅典、科林斯、墨加拉、亚尔果斯等城邦也揭竿而起,组成了反斯巴达联盟。在雅典人科农的指挥下,斯巴达海军大败于克乃达斯海角,斯巴达的海上霸权被推翻了。这场战争由于是在科林斯地峡中进行,因而史称"科林斯战争"。战争以斯巴达失败、波斯胜利而结束,因此小亚细亚地区的希腊城邦及塞浦路斯等岛都被波斯人占据。然而,斯巴达不甘失败,出兵攻占了底比斯,建立了寡头政体欲重夺霸权,这使其他城邦十分愤慨。公元前379年冬,以佩罗

欧洲文明

科林斯战争后波斯占领了小亚细亚地区的希腊城邦和塞浦路斯岛。图为塞浦路斯沿岸风光

庇达为首的流亡于雅典的民主派，重返底比斯，驱逐了斯巴达驻军，推翻了寡头统治，重建民主政权。此后，底比斯日渐强盛，变成希腊大邦，恢复了以它为首的彼奥提亚同盟。斯巴达无法接受底比斯强盛的现实，更不愿看到他成为彼奥提亚同盟的领袖，斯巴达要求解散彼奥提亚同盟，而底比斯则要求斯巴达放弃对伯罗奔尼撒的统治，这样双方争执不下，矛盾日益尖锐。公元前371年，斯巴达和底比斯在彼奥提亚的留克特拉进行决战，底比斯在杰出的军事指挥家伊巴密侬达的率领下，以新的战略方术，大败斯巴达军，成为希腊霸主。次年（公元前370年）伊巴密侬达率70 000大军攻入伯罗奔尼撒，所向无敌，一路获胜。斯巴达失去了许多城池，变得岌岌可危，其把持的伯罗奔尼撒同盟也宣告瓦解了。斯巴达严重受挫，自此大伤元气，再也未能恢复。底比斯却兴旺发达起来，盛极一时。这又引起雅典的担心，雅典害怕底比斯与它争雄斗胜，转而又和斯巴达结盟，对抗底比斯。公元前362年，伊巴密侬达率底比斯军与雅典、斯巴达联军在伯罗奔尼撒的网卡地亚决战，虽然底比斯获胜，但主将伊巴密侬达却阵亡，底比斯群龙无首，顿时人心涣散，维持10年的霸权也随之衰落。早在科林斯战争时，许多城市就与雅典结成第二次海上同盟，共有七

65

追溯古文明

十多个城邦入盟,各邦都实行自治。此时,雅典又亮出霸主的架势,企图恢复海上霸权。它对同盟城邦的压迫和勒索,必然会导致同盟城邦的再次反击和抗争,于是同盟战争爆发了(公元前357年—前355年),第二次海上同盟宣告瓦解。曾在希腊文明发展过程中作出很大贡献的希腊各城邦,此时也开始衰败下来。至公元前4世纪,各城邦已无任何"生命力"。这种危机的深化,为马其顿的兴起和对希腊的征服提供了时机。

在希腊北边,住着希腊人的一支——马其顿人。希腊北部是一片广阔的多山之地,因此族系复杂,社会进化较慢。在希腊各城邦高度发展并创造了灿烂的文化成果时,马其顿人还处于氏族向国家转变的过渡时期,因而其文明的开始比希腊人要晚。约公元前6世纪,马其顿人才开始建立国家组织。希波战争期间,马其顿人站在希腊人的一边,曾把波斯人的军事机秘泄露给希腊人。马其顿人认为,他们和希腊人是同族近亲。伴随马其顿人和希腊人之间交流逐渐加深,希腊各邦的先进文化也传入了马其顿。伯罗奔尼撒战争期间,马其顿逐渐强盛起来,与希腊各城邦的交往也日益密切。马其顿真正开始强大起来,却是在国王腓力二世时期。腓力二世是一位具有雄才伟略的军事统帅,他年轻时曾在底比斯做过人质,在伊巴密侬达家里为仕,在那里他深受希腊文化的影响,并且了解希腊各邦的形势。腓力二世执政后,实行了全面改革。在政治上,他强化了王权,掌握了贵族会议和公民大会,革除了部落首领的军事权力,把军事权力集中在自己手里;在经济上,大力推行币制改革,采用金银复本位制,以适应希腊用银、波斯用金的情况。马其顿自铸金币,与银币并用,规定金、银币的兑换率,大大促进了与希腊、波斯之间的贸易。腓力二世最重要的改革是在军事上,他召集了一大批马其顿牧民,学习底比斯的军事经验,组建了一支强大的军队。他创立了著名的密集、纵深的"马其顿方阵",改变了作战阵势。该方阵用执矛持盾的步兵组成密集的正方形阵势,以成排的长矛为进攻武器,密集的长矛、坚如铁壁的盾牌,是古代军事上使用火器以前最成功的一种阵形。骑兵是步兵方阵的两翼,还有轻装步兵护翼,作战时重装步兵承担正面攻击任务,而轻快的骑兵则迅速从两翼冲出,从侧面对其进行包围,以获全胜。

这样一支强大的军队,使马其顿成为希腊半岛上武力强大、锐不可当的国家。腓力二世依靠这支武装力量,利用希腊各城邦之间的矛盾,占领了爱琴海以北的广大地区。他不仅大力进行军事威胁,而且运用外交手段和金钱收买的方式,拉拢了一批希腊各邦中亲近马其顿的政客。腓力二世依靠强大的军事实力,挥师南下,征服了整个希腊。

公元前336年,希腊各邦均被征服。正当马其顿国王腓力二世准备东侵亚洲发动大规模战争的时候,却在其女儿的婚宴上遇刺身亡。腓力二世被刺杀后,希腊各城邦认为反抗马其顿的时机到了,以雅典、底比斯为首的希腊各城邦挑起义旗,起义之火迅速燃遍希腊大地。马其顿形势顿时危急。在这危难时刻,腓力二世之子亚历山大继位。他是一位年仅20岁的年轻人,血气方刚,无所畏惧。他从小受过良好的教育。腓力二世为了培养接班人,在亚历山大年幼时便让他接受希腊文化的浸染,并聘请当时希腊学识最渊博的大学问家亚里士多德做宫廷教师。16岁起亚历山大便随父亲四处征战,协助父亲指挥部队,积累了一些实战经验。他对《荷马史

诗》醉心不已，经常以希腊神话中的英雄人物自喻，养成了马其顿王族强硬蛮横的气质，是一个颇有才能而又野心勃勃、妄图征服天下的人。腓力二世的意外死亡无疑给亚历山大提供了一个施展才华的绝佳机会。希腊各城邦掀起反抗马其顿的叛乱不久，亚历山大便迅速利用其父留下的精良部队将希腊各城邦的反抗残酷镇压下来。亚历山大用极其残暴的手段镇压了底比斯，将其城邦烧成灰烬，并把三万多居民卖为奴隶。凭借这种强横残酷的镇压，使其统治下的希腊各邦臣服，听从他的指挥。

镇压了希腊各邦的起义后，亚历山大率领马其顿大军和希腊各城邦的联军，开始了世界历史上著名的亚历山大东侵远征。

公元前334年的春天，渡过赫勒斯湾海峡的马其顿远征军队驶入小亚细亚，与波斯军在格拉尼库河畔进行了首战，并大败波斯军。更为重要的是，这场战役的胜利为马其顿及希腊各邦联军进入整个小亚细亚地区扫清了障碍。亚历山大占领了小亚细亚各地后，不久便与大流士三世在叙利亚交战。公元前333年11月，亚历山大与波斯军在叙利亚北部的伊苏斯湾开战。大流士三世亲自率领40万波斯大军，他自恃兵多将广，企图一战全歼马其顿大军。然而，亚历山大以闪电般的速度，率其精锐骑兵部队渡过河流扑入波斯军中猛打、猛攻。而步兵也乘势追击，杀得波斯军片甲不留。大流士三世见势不妙，弃战而逃，波斯军看到主帅已逃，士气涣散，无心再战，全军立即溃败。大流士三世的母亲、妻女及皇亲国戚全部被俘。战役结束后，亚历山大拒绝了大流士三世的求和，继续引兵南下，征服了腓尼基的一些沿海城市。当进攻到腓尼基最大的商业中心推罗时，遭到了当地人们的奋起反抗，但终究不敌马其顿

大军,致使城市失守。推罗城被毁,许多人被杀,三万多居民沦为奴隶。公元前332年冬季,亚历山大经过苏伊士地峡侵入埃及,未遇到任何抵抗势力就占领了那块肥沃的土地。在埃及,亚历山大采取怀柔政策,利用那里的宗教信仰,用表示支持和保护神庙的方法来笼络祭司阶层的人,以维护自己的统治。亚历山大征用大量人力、物力,在尼罗河的入海口建起了一个新的海港,并以他自己的名字命名为"亚历山大城"。后来,此城发展迅速,在建立50年后,就已拥有30万人口,成为地中海地区人口最密集的城市。基督教纪元开始时,亚历山大城可能已拥有1 000万人口。城内的居民主要有埃及人、波斯人、马其顿人、希腊人、犹太人、叙利亚人及阿拉伯人。亚历山大城不但是埃及最大的商埠,而且还成为地中海地区商业和文化的中心。来自地中海、非洲东部、阿拉伯及印度等地的货物在亚历山大城中的各个市场交易流通。诗人、哲学家、物理学家、数学家等各方面的学者、艺术家也被吸引到这座世界性的城市来。亚历山大城发展之快,影响之大,是世界历史上绝无仅有的。次年春天,亚历山大率军继续东征,经巴勒斯坦、腓尼基进入两河流域。当年9月,在亚述古都尼尼微近郊的高加米拉原野上,他以玄妙的军阵和周密精湛的战术,击垮了大流士三世率领的号称"无往不胜",可使敌人"血肉横飞"的波斯大军。接着,亚历山大又率部队驶入巴比伦,占领了苏撒和帕赛波里斯两个都城,夺取了王宫和金库。进入王宫后,联军将士大肆掠夺财富,人人怀中揣满金银,而那座象征古代东方文明的帕赛波里斯王宫却被付之一炬。

追溯古文明

此时，狼狈逃窜的大流士三世已众叛亲离，不久就被巴克特里亚（后被我国人称为大夏）总督贝苏斯刺杀。贝苏斯自立为王，后被亚历山大擒获并以弑君之罪将其处死。从此亚历山大便以波斯帝国的合法继承人自居。这位野心勃勃的君王继续东征，进入中亚地区，遭到当地人的抵抗。他在那里滞留了近三年，公元前327年的春天，亚历山大侵入印度河流域上游地区。当他准备引兵恒河流域，深入印度腹地，企图吞并整个印度时，他的军队已经疲惫不堪了，许多士兵鼓噪不进，纷纷举行集会，酝酿政变。在无可奈何的情况下，亚历山大被迫下令撤兵，分水、陆两路西归。亚历山大认为，未来帝国的中心应在两河流域，而不在希腊，巴比伦应是帝国的首都。这两支部队于公元前324年会师于巴比伦，并准备以此为亚历山大帝国的都城。至此，亚历山大声势浩大的东侵远征宣告结束。

为了巩固对东方各国的统治，亚历山大试图把东西方文明融为一体。他在各占领区建起大小不等的城市，让马其顿人及希腊人和东方人在那里混居。传说，亚历山大行军时常将《荷马史诗》带在身边，并且注意在东方各地采集标本，再送回希腊供他的老师亚里士多德研

究。为了进一步加深东西方文明的融合，亚历山大提倡马其顿人和希腊人与东方人通婚，为东西方文化更加紧密地融合提供一条牢不可破的纽带。亚历山大自己在远征巴克特里亚时曾娶当地贵族之女罗克珊娜为皇后，后来又与大流士三世的女儿结婚。许多将士纷纷效法其主，与波斯显贵的女儿或民间妇女结婚的有一万多人，并且举行了史无前例、盛况空前的集体婚礼。但波斯帝国本来固有的旧矛盾和亚历山大帝国的新矛盾，并不会因这种东西方文明的融合和广泛的联姻而消失，东西方人之间的矛盾日益加剧，亚历山大也因染上恶性疟疾于公元前323年死于巴比伦，时年33岁。他所建立的那个庞大的帝国也转瞬即逝，由一系列希腊化国家组成的希腊化世界打破了东西方融合的局面。

亚历山大远征所开创的局面，标志着希腊及希腊统治下的东方地区进入了一个新的历史时代——希腊化时代。在古代东方文明和希腊文明的交融下，孕育出一种更富于特色的文化，成为这一时代文明的主要特点。亚历山大远征所建立的庞大帝国，西起希腊、马其顿，东至印度河流域，南临利比亚、埃及，北界高加索和中亚，其疆域比波斯帝国更为广阔。虽然这个庞大的帝国不久就分裂为许多希腊化国家，但希腊文明却在这里继续发展，从而揭开世界文明史上崭新的一页，这些文明不只是在文化上，更多是表现在政治和经济上，在西方文明史中占有重要位置，并有着深远的影响。

古希腊戏剧

古希腊戏剧是指大致繁荣于公元前6世纪末至公元前4世纪初之间的古希腊世界的戏剧。那个时候古希腊的政治和军事中心雅典城同时也是古希腊戏剧的中心。古希腊的剧场和剧作对西方戏剧和文化的发展产生了持续而深远的影响。

古希腊戏剧是世界上最古老的戏剧，产生于公元前6世纪，公元前5世纪达到鼎盛时期。雅典最早的戏剧传统起源于祭奠酒神狄奥尼索斯的宗教活动。这一起源经考证证实是准确的，因为雅典最早的戏剧表演便出现在一年一度的酒神节上。至于这类乞求丰腴的祭神活动是如何发展成最早的悲剧和喜剧的，学术界不得而知。

到公元前5世纪，戏剧已经正式成为雅典文化和市民生活的重要组成部分。一年一度的酒神节的重要内容便是盛大的戏剧比赛。每个参赛的剧作家都要提交一个悲剧三联剧和一个内容相关的羊人剧作为参赛作品，后者的风格往往要比前者轻松和愉悦。戏剧发展到这个时期，剧中的人物由一个增至两个，而歌队扮演的角色则更像是一个独立的人物，而非一个简单的叙事者。剧作的主题也不再仅仅局限于对狄奥尼索斯的颂扬，而是开始在整个古希腊神话中取材。

这一时期只有四位戏剧作家的作品传世，这四个人都是雅典人。他们分别是悲剧作家埃斯库罗斯、索福克勒斯和欧里庇得斯，以及喜剧作家阿里斯托芬。他们的创作，以及亚里斯多德的理论著述，构成了人们对古希腊戏剧的全部了解。

古希腊雕塑、建筑和艺术

在整个欧洲的美术传统中，古希腊雕塑所占的地位是十分重要的。西方美术崇尚典范的模式、庄重的艺术风格和严谨的写实精神，可以说都是从古希腊开始的。追根溯源地讲，古希腊悠久的神话传说又是古希腊雕塑艺术的源泉。并且在整个古希腊文明中，我们可以很容易地看出，古希腊的雕塑和建筑是完美地融合在一起的，其大部分建筑都包含有许多雕塑作品，因此，我们在欣赏古希腊建筑的同时，无形之中已经走入了他们的艺术世界。

我们从古希腊人的建筑中，一般会发现两个方面的内容：一个是希腊建筑所包含的形象模型。这些模型首先包括一系列装饰物术语、雕塑以及风格等等。古希腊建筑留传于世的第二个方面就是希腊人对建筑的本质看法。建筑形式总是让人被动地接受，而关于建筑的本质看法只能意会于心，而本能经常发现于一些显而易见的地方。人们知道要恰当设计一个建筑物的维度，就必须遵循一定的数学比例。这种观点是希腊人的，不管在本质上，还是在选择适当的比例上。这种观点在文艺复兴时期再次现身，有时建筑形式的完美性不厌其烦地重复一些偏爱的形状。

　　古希腊现存的建筑物遗址主要包括神殿、剧场、竞技场等公共建筑，其中尤以神殿最能代表那一时期建筑的风貌。古希腊人的生活受控于宗教，所以理所当然的，古希腊的建筑最大的、最漂亮的都非希腊神殿莫属。古希腊人认为，神也是人，只是神比普通人更加完美，他们认为供给神居住的地方也不过是比普通人更加高级的住宅。所以，希腊最早的神殿建筑只是贵族居住的长方形有门廊的建筑。后来加入柱式，由早期的"端柱门廊式"逐步发展到"前廊式"，即神殿前面门廊是由四根圆柱组成，以后又发展到"前后廊式"，到公元前6世纪"前后廊式"又演变为希腊神殿建筑的标准形式——围柱式，即长方形神殿四周均用柱廊环绕起来。希腊神殿建筑总的风格是庄重典雅，具有和谐、壮丽、崇高的美。这些风格特点在各个方面都有鲜明的表现。

　　整合古希腊文明中的雕塑、建筑和艺术，我们会发现，我们不能简单地将它们割裂开来，它们是完美有机的综合体，浑然天成地达到了完美的融合，留给了我们无尽的艺术遐想。

小百科

　　亚里士多德是世界古代史上伟大的哲学家、科学家。他是亚历山大的老师。他创立了形式逻辑学，丰富和发展了哲学的各个分支学科，对科学作出了巨大的贡献，对西方文化产生了深远的影响。恩格斯称他为古代的黑格尔。

追溯古文明

绚丽缤纷的古罗马文明

西方文明起源于古希腊,却发扬光大于古罗马。古罗马文明在西方文明史上起着承前启后、继往开来的关键作用。古罗马文明在法律、建筑艺术、史学上作出了极大的贡献,至今仍对世界产生着深远的影响。

正当希腊化文明在地中海东部沿岸蓬勃兴盛的时候,一个新兴的强大国家在西方崛起了,这就是意大利半岛上的罗马。

"罗马"一直以来都是一个绚丽夺目、撼动人心的名字。它既代表着一段灿烂的历史、一座古代名城,也代表着一种与古希腊文明不可分割的文明传统。罗马文明是西方文明起源的一个重要组成部分,但在整个西方文明史上,它又有着承前启后的作用,对现代文明的发展产生了深远的影响。

罗马的早期文明为整个罗马文明奠定了基础。从王政时期的政治组织,到第六位国王塞尔维乌斯·图里乌斯的政治与社会改革;从贵族与平民的斗争,到法律及其他文化成果的产生,在社会历史进步的过程中无不凝结着早期罗马人的聪明与智慧。

意大利中部台伯河的入海处是古罗马文明的起源,其语言为拉丁语。传说,古罗马城建于公元前753年,后来渐渐强大,使其周围地区乃至整个意大利半岛和地中海周围的广大地区都臣服于它。起初古罗马实行王政，公元前509年开始实行共和制，公元前1世纪30年代初屋大维·奥古斯都建立"元首制"，古罗马进入帝制时期。古代罗马是一个奴隶制国家，共和国后期奴隶制经济快速发展，公元1世纪—2世纪是罗马帝国最强盛的时期。约从公元3世纪起，罗马帝国开始衰败。公元4世纪末帝国分解为东、西两部分。公元5世纪后期西罗马帝国灭亡，西欧进入中世纪，帝国东部则进入封建制的拜占庭时期。

　　与西亚各古代国家和古埃及、古希腊文明的发展相比，古罗马文明的发展要晚得多。古代罗马在建立和治理庞大国家的过程中，吸收了先前发展的各古代文明的众多成果，并在此基础上创造了自己的文明。古代罗马在其发展过程中，建立了复杂的国家管理体系和缜密的法律体系，在军事战略、作战技术和战争机械等方面都有不少创新。在农业科学、数学、物理学、天文学、医学等方面都取得了很大的成就，在文学、史学、雕塑、绘画、建筑，包括道路建筑、城市输水工程、广场、庙宇、凯旋门、纪念碑、浴堂等方面，也都留下了许多宏伟的古迹，古代希腊许多杰出的艺术作品都因为古罗马将其复制而流传后世。

古罗马文明的兴起与发展

　　关于古罗马的起源和兴起流传着一些美丽的传说。一般的观点认为古罗马城始建于公元前753年，但近代学者考证发现，罗马建成的

年代可能比这个时间要晚得多。古罗马城所在地最初是在台伯河南岸的丘陵地带，当地拉丁人根据血缘关系各自居住在小山丘上，形成了诸多村落。后来这些散布在各处的小村落渐渐联合起来，伴随频繁的贸易交流，他们又开辟了许多通商大道，这之中有一条穿过罗马的山丘村落，其渡口就在后来的罗马城的附近。或许是出于贸易往来的需求，或许是拉丁人想要控制这个渡口，他们派人在此地居住，这些人便与萨宾人联合建立了联盟，在这样的情形下，古罗马城建立起来。

后来世人又将这段传说演化成了更为动人的神话故事。虽然这个关于古罗马起源的神话缺乏希腊神话那样曲折丰富的情节，也不具有十足的想象力，但这段淳朴的故事却被罗马人世代传诵。据说，很久以前，希腊联军在特洛伊战争中用木马计攻占并烧毁了特洛伊城。特洛伊王子在母亲的帮助下，辗转逃到意大利半岛的台伯河岸，开始在那里安家立国。许多年后，他的后代子孙中有一个叫阿穆略的篡夺了哥哥努米托的王位，并把哥哥赶了出去，接着杀害了哥哥的儿子，只留下其唯一的女儿希尔维亚。希尔维亚被他逼迫去维斯塔庙做祭司，并被要求终身保持贞操，不许婚嫁。阿穆略将希尔维亚关在一个孤塔中，不让她和外界接触，未想战神马尔斯却闯入塔中，与希尔维亚相爱并生下一对孪生子，取名罗慕洛和雷慕斯。阿穆略知道此事后异常愤怒，他除了百般迫害希尔维亚外，还将这对孪生子放在篮子里扔进了波涛汹涌的台伯河。这对可怜的孩子顺着河水漂流，漂到岸边的一棵树下。一只母狼救了他们并用奶水喂养他们。后来，一位善良的牧人发现了这两个孩子并收养了他们。兄弟俩长大成人，了解了自己的身世后便伺机杀死了阿穆略，为努米托恢复了王位。兄弟俩不想继续在当地生活，便决意去开创自己的事业。他们来到当年获救的台伯河

畔，在被母狼哺养之处建起了一座新城，以罗慕洛的名字命名为罗马。古罗马城就这样在台伯河岸建立起来。

这段关于罗马起源的故事完全是虚构的。因为故事中提到罗马人的始祖来自特洛伊，这纯属编造。实际上，罗马人的始祖是拉丁人，他们是在公元前200年中期从北向南进入意大利的。一般的观点认为，古罗马建城的时间在公元前753年，并以此作为罗马的纪元。但据现代考古发现和最新研究结果表明，古罗马建城大概在公元前6世纪，即伊达拉里亚人统治罗马初期。那时起，罗马才用石头筑建城墙，以砾石铺设路面，修建排水系统，并逐渐以罗马城为宗教活动和商业贸易中心。

鼎盛时期的罗马

罗马国家的体制和性质，经过扩张和对外征战发生了巨大变化。奴隶起义连续不断，政治斗争此起彼伏。奴隶的斗争推动了罗马社会经济的变化和发展，使罗马科学文化也得到了空前的发展，并取得了绚丽璀璨的成果。

经过对外扩张，尤其是第三次布匿战争，罗马征服了整个地中海地区。大量战俘和被征服地区的平民沦为奴隶，其中有文化的希腊奴隶对罗马文明的发展起到了重要作用，同时也促进了罗马奴隶制经济的发展。在长期的对外侵略中，罗马从外邦抢夺了大量金钱和财物，这些财富促进了罗马奴隶制经济和社会阶级关系的发展。

罗马共和国的晚期是指从公元前146年到公元前27年这一个多世纪。这时的罗马政体尽管还是共和制，但实际上它已步入了奴隶制帝国阶段。这时的罗马，奴隶制经济获得长足发展，并由此进入了古代奴隶制发展的高峰。奴隶制帝国统治使社会矛盾加剧，引起了奴隶起义和平民的斗争运动，使共和国晚期的历史呈现出

追溯古文明

纷繁复杂的情景。在那个奴隶斗争接二连三、英雄人物辈出的时代里，古罗马社会内部发生着急剧变化。连年不断的战争使贫富分化加剧，整个社会阶级矛盾和政治斗争达到极为尖锐的程度。公元前2世纪初，奴隶是古罗马社会中的主要劳动力，这些奴隶一部分来自战俘和被征服地区的平民，另一部分是被债权人卖为奴隶的欠税或负债的人，还有一部分是被海盗在地中海沿岸掠夺来送到奴隶市场去贩卖的奴隶。他们一般分为国家奴隶和私人奴隶，国家奴隶被用于修建神庙、政府大厦、城堡、驰道、水渠等公共性劳役；私人奴隶被广泛用于生产劳动和家务劳役。在罗马，不管是奴隶的数量还是奴隶主对奴隶的压榨程度，与希腊相比都有过之而无不及。许多豪门贵族拥有着大量奴隶，甚至奴隶的数量多到可以组成数支军队的程度。

更为残酷的是，奴隶还被奴隶主当作娱乐性工具，他们以奴隶的生命来取乐。奴隶主逼迫奴隶接受格斗训练，然后到竞技场上去角斗，或者让接受过训练的奴隶和野兽搏斗。许多角斗士横尸竞技场，无辜葬送生命，而那些毫无人性的观众则以此为乐，每每在得胜的一方击倒或杀死对方时，才尽兴而去。广大奴隶在政治、经济上受到了惨无人道的压迫和剥削，过着牛马不如的悲惨生活。罗马史学家戴奥多罗斯在《史事汇编》中这样记载："奴隶们戴着镣铐，他们不停地在工作，日日夜夜都不准有任何休息……只要监工者略略示意，无情的皮鞭就会重重地打在他们身上。这些可怜的人们没有受到丝毫的关照，他们所穿的破衣，连他们的身体都遮掩不住。无论什么人看到了他们那凄凉的、惨不忍睹的境遇，都会恻然兴悲。如果他们受伤了，甚至是残废了，奴隶主也不许他们有片刻的停顿或休息。衰迈无力的老

欧洲文明

年人和孱弱的妇女们,也不能得到丝毫的宽宥。他们都是在皮鞭下被强迫去工作,直到他们死了才算完。"这些用血泪写成的文字,充分证明了万恶的奴隶制度是何等残酷野蛮,奴隶们丝毫没有做人的权利和自由,他们只是被奴隶主当作"会说话的工具"而备受折磨。

公元前2世纪中期,罗马奴隶制社会内部矛盾极为尖锐,奴隶和奴隶主之间的矛盾和斗争导致大规模的奴隶起义发生。其中影响较大的有西西里奴隶大起义和斯巴达克奴隶起义。

西西里岛位于亚平宁半岛南面,那里土壤肥厚,气候温和,十分利于农业的发展。岛上盛产谷物、葡萄和橄榄,也有很多大理石和白玉石。但自西西里划为罗马行省后,这里的肥沃土地就被罗马的奴隶主所占有。他们霸占了大量土地,迫使成百上千的奴隶在那里做苦役。奴隶主对待奴隶十分残酷,尤其以西西里中部恩那城的大奴隶主达莫非勒斯最为有名。他用烧红的铁在奴隶身上打下烙印,强迫奴隶服各种劳役,不给他们衣服,也不给他们足够的食物。他在奴隶身上作威作福,每天都要找一些极小的过错来鞭打奴隶。他的妻子墨加丽达也以虐待奴隶为乐。贪婪、残暴的奴隶主们为了最大限度地榨取奴隶的血汗,连奴隶维持生命的最低生活保障都不给,甚至让奴隶夜间外出打劫衣食。

由于无法忍受奴隶主的残暴剥削,奴隶们终于结盟起义。公元前138年,起义烽火燃遍西西里岛。起义军中有一个叫尤诺斯的人,成为起义首领。在其带领下,四百多名手持镰刀、斧头、各种长竿短棒的奴隶冲进恩那城。城内许多奴隶积极响应,他们也树起义旗,杀死自己的主人,从四面八方汇集到起义军的队伍中,奴隶们很快占领恩那城。为了防止奴隶主反扑,尤诺斯很快组织了政权,召集全体起义者集会,将达莫非勒斯

夫妇处死，并建立了王国。起义烽火越燃越旺，在西西里南部不久也爆发了奴隶起义，起义军首领克利昂率领拥有5 000人的部队占领了阿里根特。不久，这两支部队汇合在一起，部队人数达到了20万人。起义军风驰电掣，所向无敌，不仅惩治了那些罪大恶极的奴隶主，而且多次挫败罗马军队的反攻。罗马人派来的部队常常被起义军打得抱头鼠窜。当罗马大军包围恩那城时，奴隶们英勇顽强，坚守不屈，但终因寡不敌众，加之叛徒出卖以及被围后缺乏粮食而陷入饥荒。恩那城于公元前132年失守，克利昂阵亡，尤诺斯被俘后死在狱中。这次声势浩大的奴隶起义虽然失败了，但它留下了奴隶们斗争壮丽的英勇事迹，给奴隶制度以沉重的打击。

公元前104年—前101年第二次西西里奴隶起义爆发了。西西里总督涅尔瓦审查奴隶事件是这次起义的直接原因。许多农民因债务而沦为奴隶，给罗马扩充部队造成兵源危机。为解决兵源问题，罗马元老院命令行省长官审查奴隶出身，凡自由民出身的予以释放。西西里总督涅尔瓦受令释放了800名奴隶，奴隶被释放无疑会直接损害奴隶主的利益，奴隶主便向涅尔瓦行贿，涅尔瓦立即停止审查释放奴隶的工作。渴望自由的奴隶们异常愤怒，但涅尔瓦反而勾结盗匪打击有反抗情绪的奴隶。于是赫拉克利城附近的奴隶们揭竿而起，很快组织起拥有20 000步兵、2 000骑兵的队伍，推选萨维阿斯为王。之后，西部利利贝城附近又有一万多奴隶在阿铁尼奥的带领下举行起义。他把年轻力壮的奴隶起义者编入军队，到处袭击罗马的军政机构、仓库和驿站。起义军很快发展到30 000人，斗争的烽火燃遍西西里广大地区，罗马接连出兵镇压，萨维阿斯在战斗中牺牲，部队由阿铁尼奥指挥。公元前101年，阿铁尼奥在一次战斗中英勇就义，剩下的人终因饥饿而失去战斗力，许多起义者被钉上了十字架；另一支起义队伍被罗马人欺骗放下武器，全部被戴上了镣铐送往罗马做角斗士。第二次西西里奴隶起义遂以失败告终。

公元前73年—前71年由斯巴达克领导的起义是西方古代史上影响最大的一次奴隶起义。斯巴达克出生于希腊半岛北部的色雷斯，他体格强健，聪明勇敢。他曾在罗马军队服役，因争取自由而出逃，后被俘又被卖为奴隶，被送到一个角斗士训练场受训。在那里，奴隶们整日受奴隶主监视，生活十分痛苦，加之角斗士们意识到在竞技场上他们的生命没有任何保障，决定为自由而斗争。公元前73年，角斗士训练场的二百多名奴隶密谋暴动，不料事情泄漏，一部分奴隶只好放弃行动。斯巴达克率七十多名角斗士用厨房的菜刀等武器武装冲出了奴隶营，沿途不断有人员加入和武器补充，起义者们在维苏威火山建立了坚固营地。在伙伴阿诺诺斯和克利克苏的协助下，斯巴达克组织队

伍，起义军很快壮大到一万余人。斯巴达克颁布了纪律：不侵犯良民，不私藏金银，平均分配战利品。起义军四处袭击奴隶主的庄园，整个坎佩尼亚地区处于动荡之中。这时候，罗马政府才感到事态严重，遂派大军围剿维苏威火山。就在这生死攸关之时，斯巴达克以超人的智慧，命令部队用野藤编成绳梯，沿着没有罗马军队防守的悬崖峭壁攀缘而下，绕至敌后出奇制胜，打得罗马军晕头转向，狼狈逃窜，从此起义军声威大震。公元前72年秋，起义军又挫败了罗马政府派来的两个军团，占领了南意大利部分地区，很多人纷纷加入起义洪流，起义军发展到7万人。

由于斯巴达克才华出众，治军有术，常能出奇制胜，加之军律严明，因此很受拥护。在军事思想上，斯巴达克起义与西西里奴隶起义有所不同，斯巴达克更注重进攻，而不是防守。斯巴达克以这种战略战术思想领导起义军多次打败罗马军，开始向北意大利进军。在波河流域，起义军打败了元老院的追兵和罗马军的共同夹击。公元前72年，起义军已壮大到12万人，意大利全境为之震惊。斯巴达克率兵南下，这使得罗马统治集团不知所措。斯巴达克的名字让罗马的奴隶主贵族闻风丧胆，甚至没有人敢参加执政官的竞选。元老院大费周折，最后任命大奴隶主克拉苏为镇压起义军的统帅。克拉苏在同斯巴

达克交战中连吃败仗,这时斯巴达克改变了进攻罗马的计划,决定派一部分起义军到西西里发动奴隶起义,但当他率军来到意大利半岛南端的时候,却因海盗们失信而使渡海计划失败。斯巴达克自制木筏渡海,但因海上风大未能成功。此时克拉苏率军从北部反扑而来,妄图把起义军困在意大利半岛南端,并挖沟壕切断起义军退路。但斯巴达克以超人的胆识,在一个风雪交加的黑夜指挥部队填平了一段壕沟,率起义军突破了克拉苏的防线,使一部分起义者突围成功。但这时起义军内部出现了意见分歧,脱离主力部队的那部分起义军被克拉苏全部歼灭。斯巴达克率领的部队继续坚持战斗。公元前71年初春,起义军在与罗马军队的决战中,终因寡不敌众,伤亡惨重。斯巴达克冲杀在队伍最前面,他希望亲手杀死克拉苏,但却未能如愿,他在杀死敌军两名军官后,终因力竭,壮烈牺牲。罗马统治者将6 000名起义军全部钉死在十字架上,剩下的起义军在南意大利山区持续了十余年的斗争,直至公元前63年才被罗马歼灭。斯巴达克领导的起义虽然失败了,但他为人类争取自由解放而进行斗争的伟大精神是永存的。

追溯古文明

关于这次奴隶起义在古罗马文明发展中所起的作用，及其与古罗马文明的关系问题，学术界很少触及，缺少材料可能是最主要的原因之一。但如果人们深入历史事实进行认真的分析，也可以看出他们在促进罗马经济、政治和文化发展方面的重要意义。

在经济上，奴隶起义促进了罗马奴隶制经济的繁荣。虽然帝国初期社会经济发展的原因是多方面的，但奴隶起义和被征服的各族的解放斗争也是其中重要的方面，它使奴隶制生产关系得到一定改善，为生产力发展和经济繁荣提供了有利的条件和良好的环境。

在政治上，奴隶起义加速了罗马由共和制向帝制的转变，促进了社会政治改革。可以说，共和制确实要比皇帝专制进步些，但在罗马，共和制不仅没有缓和社会矛盾，反而加剧了各种矛盾的激化，奴隶起义就是一个重要表现。因此，只有把共和制转为帝制，才能有效地调整罗马社会内部奴隶主阶级之间的矛盾。在当时社会矛盾十分激烈的情况下，奴隶起义也促进了罗马的社会改革。由于奴隶起义和对外战争，使得军事形势日益严峻，罗马国家必须保证必要的兵源和加强武装力量，这时民主派又拥戴平民出身的马略。马略进行了军事改革，他把旧的征兵制改为募兵制，改农民兵为雇佣兵。这一改革，极大地解决了兵源不足的问题，而且由国家供给士兵薪饷和武装，划定服役期限，加强军事训练，从而大大提高了士兵的军事素质和战斗力。斯巴达克起义后，曾为苏

欧洲文明

拉部将、镇压过斯巴达克起义的克拉苏，面对元老势力渐渐失势的现实，转而向平民靠近，向马略派的骑士们示好。他和部将庞培把眼光转向马略派将领恺撒（约公元前100年—前44年）。恺撒把握时机很快和克拉苏、庞培组成三头政治同盟（即历史上所谓的"前三头"）。此后克拉苏在远征安息的战斗中败亡，庞培受元老派拉拢而叛离恺撒，于是就有了恺撒与庞培激战。庞培在决战中全军覆没，逃至埃及被杀，恺撒成为罗马帝国唯一的统治者。集军政大权于一身的恺撒，可以说是罗马历史上第一位皇帝。恺撒遇刺之后，他的外甥（被认为养子）屋大维脱颖而出，他和恺撒的密友安东尼及恺撒的另一部将、骑兵长官雷必达结成新的三头政治同盟（史称"后三头"），对付元老贵族组成的共和派。之后，"后三头"之间又有斗争甚至互相残杀，屋大维成为最后的胜利者，独掌大权。在奴隶起义推动下的罗马社会政治变革，最终使共和国被彻底埋葬，军事独裁的体制在罗马建立起来。公元前27年，屋大维获得"奥古斯都"神圣尊号，这是此次社

会变革的历史标志。

在文化上，罗马文化的发展和繁荣，也因奴隶劳动和起义斗争而绚烂夺目。为保证起义部队所需粮草、马匹和军资，起义军每到一个占领区都用奴隶主的庄园进行劳动，发展生产。物质带动的实践为精神财富的产生创造了基础条件。在起义军中也有不少富有文艺才华的人，军队中也常有文艺演出。奴隶劳动和火热的奴隶起义斗争成为文化创作的动力和源泉。同时，那些奴隶起义出身的英雄和政治领袖本身就是文化史上引人注目的风云人物。智勇双全、英勇无畏的斯巴达克受到古今赞颂。政治舞台上的重要人物恺撒和西塞罗，在散文写作上亦有建树。他们虽然在政治上分属不同阵营和派别，但他们对文化事业的贡献却不可忽视。这些人物和他们所取得的成就，为整个罗马帝国时代的文化发展和繁荣奠定了基础，使罗马文明的百花苑中绽放出一朵朵更为璀璨绚丽的花朵。

古罗马以建筑的对称、宏伟而闻名世界

古罗马的文学

在模仿希腊文学的基础上，古罗马人逐步创造出了自己的文学。罗马最早的文学是在劳动和宗教仪式中渐渐产生的，那时的歌谣留传下来的很少。共和国末期和帝国时代初期，古罗马文学创作开始兴盛，出现了许多优秀的文学家和作品，成为古罗马文学星空中灿烂的明星。

罗马文学真正形成是在公元前3世纪到公元前2世纪期间，此时罗马文学由萌芽走向成熟，多以诗歌、喜剧、散文为主。

诗歌方面，李维乌斯·安德罗尼库（公元前284年—前204年）是罗马的第一位诗人。公元前272年李维乌斯在战争中被俘沦为奴隶，释放后，他在罗马给罗马人做家庭教师。他首次把《荷马史诗》中的《奥德赛》译成拉丁文。拉丁文版的《奥德赛》在罗马广泛流行，并被作为罗马学校的经典教材。另一位颇有影响的拉丁诗人是尼维阿斯（约公元前270年—前200年），他主要的文学活动是史诗的创作。他写了一部名为《布匿战争》的史诗,记述了罗马帝国初期的一段斗争经历。《布匿战争》在写法上效仿希腊诗体,文采一般。虽然如此,《布匿战争》仍称得上是古罗马文学史上光辉的一页。在古罗马文明中,尼维阿斯开创了以文学形式记述帝国事业的先河。

继尼维阿斯之后的诗人恩尼乌斯创作了长达18卷的记述古罗马史事的史诗《年代记》。其绝大部分已失传,只有少量残节保留下来。恩尼乌斯不仅创作了巨篇史诗,还创作了喜剧、悲剧和教谕诗,被誉为"罗马诗学之父"。在罗马,还有大量以散文诗形式记述军政史事、历史演进、医学、农业的作品,这些作品从不同角度展现了古罗马文明的发展和成就。

喜剧方面,在早期的节日歌舞、民间传统戏剧和希腊戏剧影响下,罗马戏剧逐渐兴盛起来。罗马戏剧的类型有悲剧作品和喜剧作品两种,在题材和形式上,有的模仿希腊,有的是根据罗马历史或现实创作的。悲剧作品已经失传,流传下来的喜剧主要是普罗塔斯和特伦斯的作品。

普罗塔斯(约公元前254年—前184年)生于罗马北部的布雷业山区,属平民阶层,曾在钢场干杂活,经商失败后做苦工,并开始创作剧本。他是一位业余作家。普罗塔斯一生写了一百三十多部作品,大部分作品失传,现存的有《安菲特里翁》《阿辛纳纳里亚》《商人》《吹牛的军人》《一坛金子》《孪生兄弟》等20部作品。在创作风格上,普罗塔斯的喜剧采用希腊化时代的新喜剧风格,尤其是用雅典戏剧家米南德的戏剧题材和背景,来展现罗马社会生活。其作品大部分表现了罗马社会现实,故事情节、人物类型大都从日常生活中取材,幽默可笑,通俗易懂,戏剧冲突对人情世态均有所反映,深受罗马民众的喜爱。他在作品中嘲笑富人,同情奴隶,生动地刻画了罗马社会各阶层特点,尤其是下层人物,军

官、士兵、水手、商人、奴隶、战俘、婢女、食客、庸医、妓女、浪子、主妇、厨师以及那些花天酒地、吝啬贪财、搔首弄姿的人物，在他笔下都表现得惟妙惟肖。在创作技巧上，普罗塔斯主要以修辞见长，注重用语言技巧来刻画人物，表现主题。

另一位喜剧作家特伦斯（约公元前195年—前159年）生于北非，奴隶出身，随其主人在罗马受过文化教育，后来获释成为平民。他留传下来的喜剧作品有6部，内容多是通过父子、兄弟等家庭成员的关系，来反映老少两代人之间的矛盾。特伦斯的代表作品主要有《岳母》《两兄弟》。在这些作品中，作者站在贵族立场上，用生动的故事和滑稽可笑的情节，阐述一些深刻的道理。如在《两兄弟》中，他站在贵族角度，认为有钱与没钱决定了穷人或富人是否会做出荒唐事。特伦斯在写作语言技巧上没有普罗塔斯那样生动感人，但文风却显得纯净高雅。另外，特伦斯的作品不像普罗塔斯以罗马民间文化传统为基础，强烈地反映社会现实，而是侧重于希腊文化遗产。特伦斯凭借深刻的哲理思想和细腻的心理描写、优美语言和动人心魄的情节

设置，展现出丰满鲜活的人物形象，构成了特伦斯喜剧艺术的主要特征。尤其是他的喜剧中"人性"色彩十分浓厚，剧中人物关于"我是一个人"的呐喊，标志着罗马人本主义思想的成熟，被历代哲学家和艺术家所论及和赞颂。

散文方面，罗马的散文在其文学史上占据着重要的地位。加图（约公元前234年—前149年）是唯一一位有拉丁散文作品传世的作家。他出身贵族，早年从军，后来成为政治人物，担任过执政官和监察官。他精于修辞，擅长演说。传说他写的演说名篇有150篇之多，现今保存的残片也有八十多件。加图将修辞演说与散文写作相结合，一生共有散文作品7部，内容涉及军事、政治、法律、历史、农业、医学等诸多方面，可惜的是其中一些代表作已经失传，只有《论农业》这部散文作品比较完整地保存了下来。

罗马文学史上的著名散文作家还有瓦罗、卢克莱修等，他们的作品不仅影响着罗马文学史，而且还影响着当时罗马的政治、经济、军事、哲学等方面。

恺撒不仅是一位显赫一时的政治人物，而且还是一位著名的散文家。他的散文作品大多是在军旅生涯时期写成的，其作品政治宣传的风格十分突出。他的散文有《高卢战记》和《内战记》两部被流传下来。传说他还著有《论演说家》《论类比》《旅途杂记》等作品和一些演说辞，但都已失传。在留存下来的两部作品中，《高卢战记》最为出色。恺撒从小受过良好教育，长大后受业于诸多文化名人，深受希腊文化，尤其是语言与修辞的影响，加之他丰富的军政实战经验，他的作品显得愈加通俗朴实。如《高卢战记》，句句贴近生活，雅俗共赏，老少皆宜，易读易懂。恺撒的一位部将对《高卢战记》大加赞扬："一

般人只知道他怎样出色、完善地写成了这些战记，但是我却知道他的写作是多么得心应手。恺撒不仅用最流畅和最雅致的文笔，而且还用最确切的技巧来表达自己的意图。"《高卢战记》甚至受到恺撒的政敌西塞罗的赞扬。由于这部著作受到群众的喜爱，它被当作后来世人学习拉丁文的启蒙教材。

被誉为"拉丁散文泰斗"的西塞罗（约公元前106年—前43年）在罗马文学史上具有很大的影响。虽然西塞罗和恺撒是政敌，可在文化上，他们一样都对罗马文明作出了重大贡献。他不仅是政治家、哲学家，而且还是著名的散文家。西塞罗出身骑士家庭，家境宽裕，自幼受到过良好的教育，先后在罗马和希腊学习过哲学和修辞学。他凭借出色的才华走上了仕途，先后任财务官、高级市政官和行政长官，并于公元前63年当选为执政官。西塞罗博学多识，视野开阔，对各种知识兼收并蓄。他精通文史哲，尤以修辞见长。他吸收了希腊文化中的精华，又将罗马传统文化充分发扬，并且十分注重二者的交流融合。希腊修辞学的文体风格辞彩华美、明快灵动；而罗马修辞学的文体风格沉稳现实。西塞罗将这些特点融合，独创出其作品严谨的结构和朴实的语言，句法优美，音韵和谐。由于他的作品朴实无华，内容独具匠心，行文流畅自如，因而被世人赞颂。

西塞罗的散文作品数量很多，现存演说辞达57篇，哲学和修辞学方面的传世之作近20篇。而他留传下来的书简竟达900部，其数量之多、影响之大是罗马文学史上非常少见的。这些书简中，最主要的有《致阿提库斯书》16卷、《致友人》16卷，内容主要是反映共和制末期的社会政治生活，描绘的是形形色色的政治人物。这些作品尽管内容丰富多彩，但按罗马古典文献分类来看，多属修辞学范畴。因此，西塞罗不愧为"文学泰斗""修辞学的巨匠"。在一百多年后，罗马修辞学家昆体良称西塞罗"取

在征服高卢后，恺撒带军越过国境线卢比孔河回师罗马击败政敌西塞罗。图为美丽的卢比孔河

得了可与希腊人相媲美的成就","决不低于他们中的任何人"。在昆体良看来,西塞罗成功地"集聚了希腊前辈大师的优点,在他身上同时具有德谟斯提尼的力量、柏拉图的丰富和伊索克拉底的完美……他的绝大部分甚至全部优点,都出自他本人,出自他涌泉般无穷无尽的超人的才华"。确实,许多人都曾被西塞罗的才华所折服。罗马时代文艺理论家朗古弩斯在其名著《论崇高》中,对西塞罗作品的风格和写作技巧给予了很高的评价:"德谟斯提尼的崇高风格在于其峻峭挺拔、孤峰独立,而西塞罗的优点则是其蔓延扩伸,又如燎原大火,无往不胜,喷爆腾跃于整个四野,这是从他自身迸发出来的火焰,丰富而从不衰竭……"若仔细体味西塞罗的著作,就会觉得上述语言绝不为过。西塞罗在致阿提库斯的一封信中这样写道:"我的店铺有两间突然倒塌了,人们说这是遭灾背运,我却处之泰然。苏格拉底啊!你教我乐天知命,我真对你感激不尽。苍天在上,我确实对这些俗事能做到铭记于心了。但无论如何,我也要做好重建铺房的安排,使我失而复得。"极为简洁的描写表现出了他既有哲学家的豁达与沉着,又有文学家超人的文采,怎能不令人叹服!

瓦罗和卢克莱修也是罗马文学史上博学多才、著作丰厚的散文作家。瓦罗(公元前116年—前27年)早年从政,后转行从事学术研究。他博览群书,笔耕不辍,一生著作达74部,共有620卷,内容涉及哲学、历史、宗教、天文、地理、航海、数学、医术、农业等许多领域。其中最有代表性的如《古物志》《传记集》《论农业》等,都是罗马文化中极具代表性的古典作品。卢克莱修不仅是一位伟大的哲学家,同时也是一位著名的文学家,在罗马文学史上占有重要地位。他的长篇散文诗《物性论》哲理幽邃、气势恢宏,在文学史上具有极大的影响。

屋大维掌权的"奥古斯都时

代"是罗马战乱结束、完成统一的和平时期。此时的许多文学家,他们拥有可以静心创作时代颂歌的环境,从而开创了罗马文学史上的"黄金时代"。

这一时期,最著名的诗人是维吉尔、贺拉斯和奥维德。

维吉尔(公元前70年—前19年)是这一时期古罗马文坛上最杰出的诗人。他生于意大利北部曼图亚城附近的农村。维吉尔的童年在乡下度过,比较熟悉农村生活和农业劳动。他很早便来到意大利北部的米兰读书,并到罗马等地学习文学、哲学和修辞学。他本打算学习演说后再从事政治,但因天性害羞,不善言辞,便改学哲学。在他的诗作中,明显地可以看到伊壁鸠鲁学派和卢克莱修自然哲学的印迹。他在农村家中写了许多诗,但大都遗失,只有少数保留下来。他一生的主要作品有三部:《牧歌》《农事诗》和《埃涅阿斯纪》。因维吉尔出身农家,自小对农村生活和自然景象都有深刻的体验和感受,所以其作品在描写意大利农村秀美的田园风情、表现农民的辛勤劳苦、表达农村生活的真实情感方面,显得更加得心应手。《牧歌》和《农事诗》就属于这类诗篇。《埃涅阿斯纪》是维吉尔晚年倾注全部心血创作的罗马民族史诗,虽然其创作风格和文体都模仿荷马史诗,但维吉尔十分注重推陈出新,用旧的文学形式反映新的内容。这三部作品,在罗马文学史上占有重要地位,对后世文学也产生了极大影响。

《牧歌》完成于公元前37年。该作品深受希腊田园诗风影响,由10首短歌组成,在写法上采用了牧羊人对歌或独歌的形式,内容上有哲理诗、爱情诗、哀歌、酬友诗等。一部分诗也反映了农村的现实生活,体现了小土地所有者对大奴隶主消极抗议的思想情绪。凭借浓郁的乡土气息和深刻的哲理思考,《牧歌》在罗马诗坛和百姓中引起了强烈反响,甚至引起奥古斯都上层领导者的注意。诗中提到曼图亚地区许多农民的土地被征占并分给退役老兵,使一些农户遭受苦难,维吉尔本人的财产也被征占。屋大维知道后,便命令手下人把土地归还给他。这充分说明维吉尔的作品影响之大。

追溯古文明
非洲文明

追溯古文明

璀璨夺目的古埃及文明

绵延千里的尼罗河，滋养了沙漠，肥沃了土地，也孕育出了辉煌的古埃及文明。古老的象形文字、神秘的金字塔和不朽的神话传说，如同一座座让人仰望的丰碑，记录着古埃及璀璨的文明。

古埃及文明指的是在尼罗河第一瀑布至三角洲地区，时间界限为公元前5000年的塔萨文化到公元642年阿拉伯人征服埃及的这段历史。

从公元前3000年前后埃及南、北王国的初次联合，到公元前332年马其顿王国亚历山大大帝占领埃及，托勒密王朝覆灭，也就是人们通常说的历时三千多年的法老王朝，这段时间是研究专家们探讨古埃及文化的时间范畴。

埃及是世界著名的文明古国之一。早在古罗马人研究确定未来帝国雏形的时候，埃及就已经是一个拥有三千五百余年文字记载历史的文明古国。当日尔曼人和凯尔特人在北欧森林里狩猎的时候，埃及开始衰败。据考证，即使是埃及最后一个王朝——第二十六王朝衰落时，也只是发生在公元前500年前后的事。利比亚人最先统治埃及这片土地，后来是埃塞俄比亚人、亚述人、波斯人、古希腊人和罗马人，而这一切都发生在耶稣降生在伯利恒的马厩内之前许多年。

可是，埃及是如何被世界了解的呢？就是说，在地理意义以外，世界是怎么知道埃及的历史文化的呢？18世

纪法国大革命的受益者、赫赫有名的法国皇帝拿破仑·波拿巴一世在历史和文化意义上是埃及的发现者，这可能只为少数人知晓。当然这并不能说明，在此之前人们对埃及一无所知。欧洲一些名人、喜欢游历的人，以及一些被生活所迫的人都曾去过埃及，有的甚至在回到欧洲后出版了游记，以至中国汉朝时的博望侯张骞也在约公元前120年向被称为"骊轩"的埃及亚历山大城派出了特使，公元97年，中国西域都护班超也遣甘英出使大秦。

公元前3世纪的曼涅托，将从美尼斯开始至马其顿亚历山大征服为止的埃及历史分为30个（或31个）王朝，现在学者又在此基础上将古埃及史分为以下几个时期：

1. 前王朝时期（约公元前4500年—前3100年）
2. 早王朝时期（约公元前3100年—前2686年）
3. 古王朝时期（约公元前2686年—前2181年）
4. 第一中间期（约公元前2181年—前2040年）
5. 中王朝时期（约公元前2040年—前1786年）
6. 第二中间期（约公元前1786年—前1567年）
7. 新王朝时期（约公元前1567年—前1085年）
8. 后王朝时期（约公元前1085年—前332年）
9. 马其顿希腊人和罗马统治时期（公元前332年—642年）

奴隶制国家形成和统一王朝出现的时期是第一到第四时期，统一王国重建和帝国时期是第五至第七时期，埃及奴隶制国家衰落和陷于外族统治下的时期是第八至第九时期。

埃及的兴起及其发展历程

尼罗河孕育了辉煌的古埃及文明,它润泽了沙漠、滋养了绿洲,是哺育人类的生命之河。

尼罗河文明即古埃及文明,产生于约公元前3000年。在与苏美尔人的贸易交往中,位于亚非大陆交界地区的埃及,逐渐形成了自己的文明特色。

尼罗河流域与两河流域不同,它的西面是利比亚沙漠,东面是阿拉伯沙漠,南面是努比亚沙漠和飞流直泻的大瀑布,北面是三角洲地区没有港湾的海岸。在这些自然屏障的保障下,古埃及人可以无忧地生活,不必担心遭到蛮族的入侵。

每年尼罗河河水的泛滥都会给河谷增添一层厚厚的淤泥,使河谷地区土地肥沃,这里的庄稼也可一年三熟,因此埃及被称为"尼罗河赠礼"。在古代埃及,农业是最主要的社会经济基础。如此天成的自然环境和自然条件,使古埃及的历史比较单纯。到约公元前332年,亚历山大大帝征服埃及为止,埃及共经历了30个王朝。其间虽然经历过内部动乱和短暂的外族入侵,但总的来说埃及的政治状况比较稳定。

人们将苏美尔文明称为人类最早的文明,其中固然有许多证明,但能不能算是最早,这还很难说。

在亚述领土上曾发现与苏马利亚同类的雕像及文物。但由于这两个地方的文明甚为相似,后人很难确定其是直接来自苏马利亚还是间

接由其他地方传来。如《汉谟拉比法典》与苏马利亚时期的法典就很相似,可是,人们很难断定二者的关系是否是一脉相承。

有人曾经指出,虽然在记载上埃及和美索不达米亚对大麦、小麦、小米等作物的种植,及对牛、山羊、绵羊等畜类的饲养为时甚早,但这些动植物野生状态存在的地点,却不是埃及和美索不达米亚,而是西亚,特别是也门或阿拉伯。从这点看,谷类的种植、牲畜的饲养,以及文化似乎都发源于阿拉伯,而后流传于美索不达米亚(苏马利亚、巴比伦和亚述)和埃及尼罗河三角洲。然而,从目前研究阿拉伯的古代史料看,似乎找不出多少有力的证据来支撑这种说法。

如今,比较确凿的证据可以证明,文化最先发源于美索不达米亚,而后扩展到埃及。众所周知,埃及很早就已和美索不达米亚有了商业上的往来,其交通渠道,或经由苏伊士而出地峡,或经由古尼罗河河口而出红海。从古代地理环境来研究,埃及在较早一段时期,其文化形态属于西亚而不属于非洲似乎是很自然的。由于尼罗河泛滥和沙漠行走不便,埃及难与非洲其他各地往来。但与之相反的是,埃及与西亚由于红海和地中海行船的便利,更加强了联系。

埃及的语言,越是古老与近东的闪族语言就越接近,这是对埃及语言有深刻研究的人所共知的。埃及建国前所使用的象形文字与苏马利亚文字相比,极为相似。但最显著的,要算圆柱形印章。最初它完全和苏马利亚印章一模一样,后来,才渐渐被埃及风格取代。这可以说是一般舶来品的共同命运。在埃

由于尼罗河的泛滥有固定的时期,可以被人们掌握,所以尼罗河成为埃及人民的福祉

及第四王朝以前，并不常见陶器转盘，但苏马利亚人早就有这种东西了。据说，埃及的陶器转盘是伴随马车、战车一起经美索不达米亚运来的。

古埃及的"权杖"杖端的装饰，和巴比伦所用的权杖的装饰是一样的。埃及初期的建筑风格与西亚极为相仿。另外，陶器、雕像、神像，以及种种装饰品，还有埃及建国以前的物品，都非常清晰地显示出西亚地区的特征。

一位知名学者认为，虽然大麦、玉蜀麦、小麦是非埃及野生植物，但埃及很早就开始种植这类作物。他相信，苏马利亚的农耕文化是由埃及传过去的。

就目前人们所掌握的种种证据显示，埃及晚于苏马利亚似乎已成定论。但是，虽然尼罗河文明曾受到两河文明的"灌溉"，但不久后，它便继续发展自成体系。从文明本身角度来看，尼罗河文明拥有丰厚、壮丽、精细的风格，而苏美尔文明却无法与之相比，即使是与高度发展的希腊或罗马文明相比较，亦不落后。

光芒万丈的古埃及文明

第三、四王朝是古都孟菲斯，其人口曾达200万，如今除几座小型金字塔和几丛棕榈树外，就只剩一片沙漠了。这些沙漠西起摩洛哥，东越西奈至阿拉伯、土耳其，再越西藏达蒙古。顺着这条沙漠，曾经出现两大文明。这两大文明，当其兴盛时都异常辉煌，但随着岁月流逝俱已灰飞烟灭。沿着尼罗河，上自地中海，下迄努比亚，两岸各有一片宽达20千米的沃土带。这两条带状沃土，可以说是埃及人的命脉。可埃及从公元前3400年（米尼兹王）到公元前30年（克里奥帕特

非洲文明

拉女王）悠长的历史与希腊或罗马相比是何等长久。

古城卢克索就是希腊人所称的底比斯，它曾是远近繁华富庶的名都。但现在，除黄沙之外，便只剩下了几个阿拉伯式的村落。卢克索有一座位于尼罗河东岸为人所称道的冬宫。可如今这座宫殿与远在西岸黄沙之中的诸王陵墓一样，只能供世人凭吊。从冬宫向西眺望，可见一大排闪闪发光的石柱。那些石柱，就是哈特舍普苏女王神庙的廊柱。

美丽伟大的哈特舍普苏女王希望将她的山陵修饰得美丽而壮大。在一座花岗石山的悬崖绝壁，雕凿成若干壮丽无可匹敌的廊柱，这对没有巨大魄力的人来说是难以企及的。和廊柱一样让人心动的，是四壁的浮雕。这些浮雕上所叙述的多是历史上这位伟大女王的生平故事。故事美妙，刻饰传神。看完这些，会让人感觉到这位杰出的女性，是一位了不起的历史性人物。

在路旁，人们发现两个石刻巨人。每座巨人约高二十一米，重700吨。尤其高超的是，它们均由一整块巨石刻成。从此向北约1.6千米处，是拉美西斯二世雕像。这座雕像也是用巨石刻成。拿破仑时期的学者曾仔细量过此雕像。所量结果：耳长约一米，足宽约一米半，高约十七米，重1 000吨！拿破仑来到此雕像前，曾引用歌德的名句"仅见的大丈夫"（Voilaunhomme）赞美它。不过，今天这位"仅见的大丈夫"已不见往日的雄风。曾经的它傲立于沙漠之中，如今却安静地躺在冰冷的地面上。

尼罗河西岸，似乎是属于亡灵的世界。埃及的研究人员曾在这儿发掘出

追溯古文明

很多陵墓。今天正式开放供人参观的仅有塞提一世陵墓。进入陵内，会给人一种凉丝丝的感觉。在里面可以见到四壁及天花板上的精美雕刻，以及装饰得富丽豪华的石棺，还会见到制作精细的木乃伊。据发掘者说，他们进入皇陵时，偶尔还会见到留在沙土上的脚印。学者推断，那些脚印，就是3 000年前送木乃伊入内安置的人们所留下的。

但不管怎样，尼罗河东岸的建筑仍是埃及文化的精华。这些建筑在蕴含着美丽之余，更具雄浑的气势。埃及统治者所追求的，乃是男性美的极致。阿蒙霍特普三世所修筑的宫殿，就是这种精神的代表。在任何一个不引人注意的角落，几乎都有一座雕刻得栩栩如生的雕像，骄傲地矗立着。

让我们闭目瞑想：由8根长长的纸草杆捆成一束，底下是由5条锦带缚起来的几枝含苞待放的鲜花，然而这些纸草、锦带与鲜花都忽然幻化成巨石。这样的石雕，就是建筑史上有名的卢克索纸草状圆柱。一座宫殿，以那些精雕细刻的圆柱，再加上曲折的回廊，并处处缀以新奇精致的雕像，这该多美！这座迄今已有千年历史的宫殿，如此壮观的建筑出自刚刚从野蛮进入文明的人类之手，不能不让人产生钦佩之感。

精致的卢克索宫殿与卡纳克神庙相比，却也稍显逊色。这座神庙，经埃及五十多位国王先后经营——始于古王国最后一个王朝，直至托勒密王朝时代。这座伟大的建筑是在人类的想象之内，把美最虔诚地献给神的方式。

埃及学创建者曾于1828年来到这里后，写下这样一段话：

"我最后到达了一个地方，那似乎是一座宫殿，又似乎是一座城池。这座又像宫殿又像城池的建筑，就是卡纳克神庙，是埃及诸王封神所作的贡献。人类所能想象出来的美，似已凝聚于此。所谓的美，即凡建筑所能表现的，如壮丽、雄伟、高雅均已包含其中。伟大的古埃及人，其才学实在难以衡量。"

卡纳克神庙由许多宽广的神殿构成，所有神殿里的雕像总计可达八万六千余尊。名为阿蒙的神庙是其中主要一座，其殿基宽约三百零五米，长约九十一米。神殿由无数桥塔花门构成。神庙中，最为精美的雕刻，要数图特摩斯三世的石柱。这些石柱，虽然顶端有许多地方发现裂痕，但仔细观察，其设计之精，雕刻之美，仍令人赞叹。美丽绝伦的献礼厅也别有一番韵味。这座献礼厅中的廊柱，均刻有凹槽花纹。这种结构表现，可说是希腊多立克圆柱的滥觞。伟大的"多柱堂"是一座奇特的建筑。它一共有140根石柱，且石柱都大得惊人，每根石柱顶端，均展开呈掌状，它们共同托起了由花岗石石板做成的屋顶。

在多柱堂附近的废墟中立有两块方尖形石碑。其中一块，是属于哈特舍普苏女王的。她对世界傲然宣称：

"花岗石，来自南方石厂；赤金，选自国外。此一神庙，速自

古埃及雕刻精美的墓葬碑

河上,卯可眺见。其光辉照耀两岸,灼灼有如朝阳……千万年后,见此庙者,必将曰:'不可解,不可解,前人何以竟把全山,遍涂赤金?'……晓谕世人,我筑此庙,斗量赤金,如量黄沙……卡纳克有此建筑,乃使世人眼界大开。"

这就是埃及女王及诸王之所为!也许埃及文明在世界最古老文明中是最为迷人的一个。但迄今为止,人们所发现的埃及文物,也许都无法代表埃及文明中最美好的部分。研究埃及,不是一项简单的工作。在生活上,必须能够忍受风沙烈日的侵袭;在智慧上,必须能够冲破愚昧迷信的阻挠;在思想上,必须能够将数千年来,残碎不堪、一鳞半爪的资料汇成一体。

然而,研究埃及已不能等待。因为,随着岁月的流逝,一时的光辉灿烂,都会幻化成尘。

1899年10月3日,卡纳克的11根廊柱已因受水浸蚀而坠毁。

古埃及文明的丰碑

古埃及的文字最初是一种单纯的象形文字,经过长期的演变,最终形成了由字母、音符和词组组成的复合象形文字体系。现在所能看见的古埃及文字多刻于金字塔、方尖碑、庙宇墙壁和棺椁等一些神圣的地方。埃及盛产一种纸草,将其茎干部切成薄长的长条压平晒干,可以用来书写。这种纸草文书仅有少量流传至今。字母的出现,约在公元前2500年—前1500年。这一时期埃及人完成了把声音变成字母的巨大任务。埃及人又将其传给地中海东岸(今叙利亚境内)的腓尼基人。作为亚洲文化和欧洲文化中介的腓尼基人,把这些字母演变成真正的音标文字,然后传到古希腊。这一字母系统,经希腊人增补元音字母而更加完善,形成希腊字母。希腊字母又经过一些改进后传遍四方。字母是古埃及人留给西方文明,乃至世界文明的重大文化遗产。

古代埃及文字的演变可分为四个阶段:第一阶段是象形文字,它是我们知道的最早成体系的文字,这种文字体系产生于公元前3000年;第二阶段是祭祀体

文字，是书吏将象形文字符号外形简化后创造的；第三阶段是世俗体文字，它是祭祀体文字的草写形式，与祭祀体文字对比，其书写形式更简单，已不具有图画特点，书写方式继承了祭祀体文字的传统，固定从右往左；第四阶段是科普特文字，它是古埃及文字发展到最后一个阶段的文字，希腊文、《圣经》对其影响很大。

埃及文字由表意符号、表音符号和限定符号三部分构成。

表意符号是用图形表示词语的意义，特点是图形和词义有密切关系。例如：表示"水"就画了波形线"≈"；画一个五角星"★"表示"星"的概念。表音符号是把词语的发音表示出来，取了音值。限定符号是在表音符号外加上一个新的纯属表意的图形符号，置于词尾，表明这个词是属于哪个事物范畴的，限定符号本身不发音。例如：在象形文字中，"犁杖"和"朱鹭"这两词的音符完全相同，都由两个辅音组成，读音为 hb。区别词义的方法是：在 hb 后分别加上表示"犁杖"和"朱鹭"的限定符号。把表意符号、表音符号和限定符号按一定的顺序组合起来，便构成了完整的句子。

古埃及在天文学和数学上所取得的成就和贡献足以和两河文明相比。人类历史上最早的太阳历，把一年确定为 365 天就是古埃及人的发明。现在世界上通用的公历，便源于此。古埃及人很早就采用了十进制的记数法，他们仍然没有"零"的概念。他们的算术主要是加减法，将乘除法化成加减法。初步掌握分数的概念是埃及算术比较突出的

追溯古文明

特点。在几何学方面，埃及人已经知道了圆面积的计算方法，但他们却没有圆周率的概念。他们还能计算矩形、三角形和梯形的面积，以及立方体、长方体和柱体的体积。

古埃及最重要的长度单位是从肘至中指尖的长度约合 52.37 厘米的钦定腕尺。在象形文字中用前臂和手表示，读作迈赫（meh）。腕尺又被分成 7 掌或 28 指，每掌等于 4 指。边长为一腕尺的正方形，它对角线（长 74.07 厘米）的一半，叫做雷曼（remen），可分成 20 指，是第二个长度单位，也是丈量土地的主要单位。还有一种腕尺，只有 45.01 厘米，分为 6 掌。腕尺乘以 100 的积，叫哈特（khat），是丈量土地的基本单位。这一长度的平方，即 10 000 平方腕尺，也是一个耕地面积的单位。

古埃及人主要的容量单位是哈努（henu），10 哈努为一哈加特（heqet），以此为基础再进行各种加倍，形成更大的谷物容量单位。另一容量单位是哈尔（khar），等于一立方腕尺的 2/3，或相当于一个直径为 9 掌、深为一腕尺容器的容量。容量与水的单位存在某种近似关系，因为一哈努的水重是 5 德本（deben）。看来，容量单位源于水的重量单位。德本是一种同名的踝饰的重量，它的 1/10 叫加德特（qedet），即戒指的重量。

埃及的医学成就比美索不达米亚地区更突出。埃及人制作的木乃伊（经过特殊处理的风干尸体）与金字塔一样闻名世界。制作木乃伊过程中解剖尸体的工序丰富了埃及人的解剖知识，因而使他们的内外科医学相当发达。他们的医术分工很细，据说每个医生只允许治一种病。

木乃伊是经过特殊处理而完好保存下来的尸体。古埃及人制作木

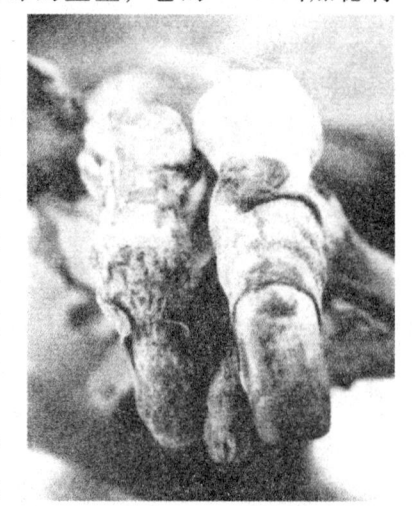

非洲文明

乃伊的方法在前后 3 000 年内发生了变化，但多数学者专家认为木乃伊防腐方法在公元前 10 世纪前后发展到了最高水平。

彻底清洗整个尸体后，防腐师把所有器官和尸身埋进由碳酸钠和碳酸氢钠混合组成的泡碱粉末堆中抽干水分。尸身、器官大概要埋在泡碱粉末堆里约一个月，拿出来后防腐师再用香液和香料把每一部分清洗。尸体防腐工作的每一个步聚，防腐师都进行得认真谨慎，比如开始时防腐师便把尸体每个指（趾）头包好，以免指（趾）甲损坏或脱落失去。

随后，防腐师用麻布把抽干水分的内脏逐一包好，放回腹腔（或者个别放置于陶罐或石膏罐里），用锯屑、麻布、焦油或泥巴之类的填料填

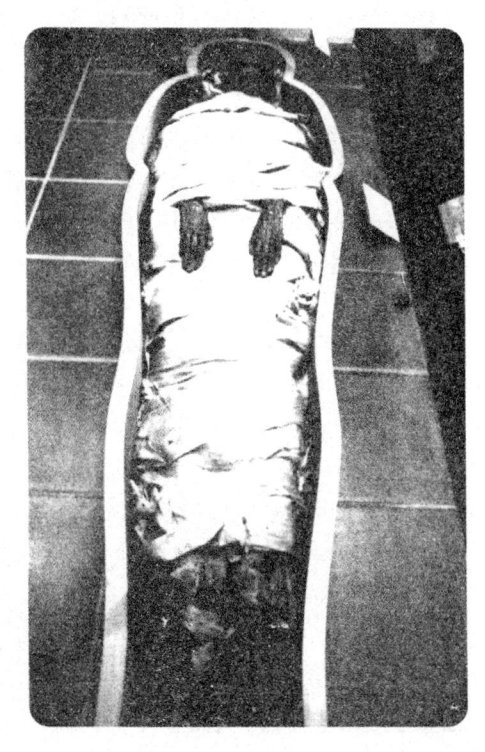

105

追溯古文明

好腹腔，填放完毕，随即将切口缝合。由于泡碱使一些头发受损，因此尸体必须补一些假发，与未脱的真发编结在一起；眼眶里面也需要装入假眼。此时剩下的工作便是非常困难的使尸体外观复原，因为要把干瘪的尸身恢复到生前的模样非常困难。防腐师进行这项古代整形外科手术，要在尸身各处小心地割开很多微小切口，向皮肤里填入依身体轮廓模造的麻布填料，就如20世纪的整容师替活人整容一样，甚至尸体面部和颈部也整得像生前一般，嘴里塞入麻布使双颊饱满。最后防腐师还要充当化妆师，用被称为赭石的有色泥土替死者面部以至全身染色（男死者染红色，女死者染黄色）。染色完毕的尸体即可包裹。防腐师将尸体四肢分别以抹过松香的麻布一层一层地密实包裹，然后包裹头部和躯干，最后将全身裹起来。这项包裹工作做起来缓慢费时。通过几个现在破解开的木乃伊发现，裹布的长度加起来竟然超过2 000米！防腐师包好尸体，制成一具木乃伊，前后约用七十天时间。跟着防腐师把木乃伊送还丧主，丧主此时大概已另外备好人形棺木来装殓木乃伊，并且已筑好了坟墓。

制作木乃伊的全过程费用十分昂贵，除需要各种药品、香料、辟邪物、护身符等，仅包裹一个尸体，有时就要用一千多米的优质亚麻布。因此，只

有国王、王亲国戚、贵族富豪才花销得起，穷人的丧事只能从简，甚至草草了事。希罗多德谈到过另外两种比较省钱的木乃伊制作方法，即便很难保证尸体的完好，但多少可以给穷人以心灵上的安慰，而且，或许也正是由于这些便宜的制作方法，制作木乃伊的传统才得以传播和延续。直到基督教在埃及占据主导地位的公元4世纪以后，制作木乃伊的习俗才被废止。

制作木乃伊也成为古埃及一批人的专门职业，他们将掌握的技术代代相传。自然而然，制作木乃伊、生产相关产品就形成了颇为重要且颇具规模的行业系统。这一行业的存在说明古埃及人已掌握了物理、化学、医学等方面的科学知识。他们用做干燥剂的氧化钠，经现代科学分析，是碳酸钠、碳酸氢钠、盐和硫化钠的混合物。可见这些物质的化学作用，当时已为埃及人所知。

古埃及的宗教

宗教是古埃及人最重要的精神生活。埃及宗教信仰的一个主要内容是关心死亡，为来世（尤其是国王的来世）做好物质准备，古埃及的木乃伊和金字塔（坟墓）都与这种宗教信仰有关。埃及人崇拜太阳神，尤其在法老政权强化以后，埃及兴起了崇拜太阳神的神崇拜运动。太阳神被称为拉，后来又叫阿蒙拉，是埃及的最高神，法老（国王）则被视为太阳神的化身。所以，法老没有神圣与世俗的区别，始终被认为是神王。法老既然是神王，其权力也就被神化了，他的话就是法律，因而埃及也就没有特别严谨的法律制度。国家对经济生活的绝对控制，也是埃及文明的一个显著特征。

古埃及饰品

宗教贯穿了整个古埃及的历史，是古埃及文化的一个重要组成部分。古埃及最重要的宗教中心有四个：赫利奥波利斯、孟菲斯、赫尔摩波利斯和底比斯。

在古埃及，人和神之间的关系可以概括为：人们该做什么，不该做什么都必须听神的告诫。正是由于人们违背了神的意愿才出现了世上的罪恶；造孽的人终将遭到报应，行善的人也必会获得奖赏。古埃及人认为，神祇是经过舌和心对人们进行引导的。因为，作出决定，制订计划是由心来完成的，而将决定和计划公诸于众则是通过舌来完成的。所以这两个器官对人的行为起决定性的作用。神祇是这两个器官的向导，因而是人生的舵手。

古埃及人相信，世界有始无终，原本混沌的世界是在创世神的创造和整顿下才开始存在的。他们还坚信，万事万物都在循环往复，世界永恒不变。古埃及人的时间观偏重未来，他们认为无尽的世界正等着他们去享受。

古埃及人认为，人生在世主要依靠的是看得见的人体和看不见的灵魂两大要素。灵魂被称为"巴"，它是长着人头、人手的鸟。人死后，"巴"可以自由飞离尸体。但尸体仍是"巴"依存的基础。为此，要为亡者举行一系列名目繁多的复杂仪式，这样才能使他的各个器官重新发挥作用，使木乃伊复活，继续生活在来世。亡者在来世生活，需要有稳定的居住地。古王国时期的金字塔和中王国、新王国时期在山坡上挖掘的墓室，都是亡灵的永生之地。古埃及人认为，现世是短暂的，来世才是永恒的。

世间伟大的建筑

古埃及的神庙、殿堂等建筑较雄伟壮丽。与此相比，古埃及的人物雕像则显得呆板冷漠，古埃及的木乃伊文化更令人难以理解。古埃及文化总体特点是神王合一，追求永恒，显得比较单一、稳定而保守。古埃及百姓的生活平凡而满足；古埃及工匠制造奢侈品的技术举世闻名；古埃及人最早发明了美容品，发展了制造美容品的技术。但古埃及最伟大的作品，还是誉满世界的金字塔。

提到埃及，人们就会联想到金字塔。它是古埃及建筑艺术的典型代表，更是在国家控制下的古埃及劳动人民最著名的集体劳动成果。

而埃及胡夫金字塔是法老（古埃及的国王）陵墓中最有名的。

那么法老为何要建造金字塔呢？

据说，古埃及第三王朝之前，不管王公大臣还是老百姓，死后都被葬入一种被称为"马斯塔巴"的用泥砖建成的长方形的坟墓中。后来，有个叫伊姆荷太普的聪明的年轻人，在给埃及法老左塞王设计坟墓时，发明了一种新的建筑方法。他用从山上开采的呈方形的石块代替泥砖来修建陵墓，并不断修改建筑陵墓的方案，最终建成一座六级的梯形金字塔——这就是人们现在所看到的金字塔的雏形。

在古埃及文中，由于金字塔是梯形分层的，因此它又称"层级金

追溯古文明

巨大的法老金字塔是靠无数古埃及人建造的

字塔"。这是一种高大的角锥体建筑物，底座呈四方形，每个侧面是三角形，因此它整体的样子就像汉字的"金"字，所以中国人称其为"金字塔"。伊姆荷太普设计的塔式陵墓是埃及历史上的第一座石质陵墓。

在最早的时候，古埃及的法老是打算将"马斯塔巴"作为其死后的永久性住所的。此后，大约在第二至第三王朝的时候，古埃及人认为，国王死后要成为神，其灵魂要升天。在后来发现的《金字塔铭文》中有这样的话：

"人们为他（法老）建造起上天的天梯，以便他可以由此上到天上。"

金字塔就是这样的天梯。

同时，角锥体金字塔形式又体现了古埃及人对太阳神的崇拜，因为在古代埃及，太阳光芒是太阳神"拉"的标志，而金字塔就象征着刺破青天的太阳光芒。因为，从金字塔棱线的角度上向西方看去，人们可以看到金字塔像撒向大地的太阳光芒。

《金字塔铭文》中有这样的话："天空把自己的光芒伸向你，以便你可以去到天上，犹如拉的眼睛一样。"后来古代埃及人对方尖碑的崇拜也有这样的意义，因为方尖碑也表示太阳的光芒。

法老们不仅在世时统治人间，并且幻想死后亦统领阴界。因此法老死后被制成木乃伊，而金字塔便是存放法老木乃伊的陵寝。现在，埃及境内保存至今的金字塔共96座，多数位于尼罗河西岸可耕谷地以西的沙漠边缘地区。

大型的金字塔多建于古王国

非洲文明

时期的第三至第六王朝时期，在古埃及首都孟菲斯北面不远的吉萨、塞加拉、拉苏尔、梅杜姆，以及阿布西尔等地都有大量的金字塔遗址。

由于金字塔是一种方锥形的建筑物，因此古埃及文称它为"庇里穆斯"，其意思是"高"；而其底座呈四方形，愈上愈窄，直至塔顶，从四面看都像汉字的"金"字，所以在中国它历来被译称"金字塔"。

在众多金字塔中，位于开罗西南约十三千米的吉萨地区的吉萨大金字塔是最著名的。这组金字塔共有三座，分别为古埃及第四王朝的胡夫（第二代法老）、哈夫拉（第四代法老）和孟考拉（第六代法老）所建。

胡夫金字塔又称"齐阿普斯金字塔"，兴建于公元前2760年，是历史上最大的一座金字塔，也是古代世界七大奇迹之一。该塔原高146.5米，因千年岁月的腐蚀，现只剩下137米。其四周各底边原长230米，现长220米。锥形建筑的四个斜面正对东、南、西、北四方，倾角为51°52′。在塔的四周原铺设着一条长约一千米的石灰石道路，目前在塔的东、西两侧尚有踪迹可寻。整个金字塔建在一块巨大的凸形岩石上，占地5.29万平方米，体积约二百六十万立方米，是由约二百三十万块石块砌成的。外层石块约11.5万块，平均每块重2.5吨，其中最大的一块重约十六吨，全部石块总重量为684.8万吨。其地理位置为东经31°07′，北纬29°58′。

令人十分惊异的是，这些构成金字塔的石块之间没有任何黏和物，而是一块一块叠起来的，它们完全是靠石头自身的重量堆砌在一起的，其表面接缝处异常严密，连一个薄刀片都插不进去。而金字塔的东南角与西北角的高度误差也仅1.27厘米。这座建筑是由10万劳力、前后历时30年才建成的。

在埃及陵墓中，除了死者的雕像外，还有大批殉葬奴仆小雕像和描写奴隶生活的浮雕构图

追溯古文明

胡夫金字塔的入口位于塔的北壁第十三级石级上，距地面约二十米高。入口处有四块巨大的石板构成了"人"字形拱门，往里是一百余米长的直达墓室的坡状隧道。墓室长 10.43 米、宽 5.21 米、高 5.82 米，与地面的垂直距离为 42.28 米。其室内只有一具深褐色磨光的大理石石棺，棺内空无一物，棺盖亦不翼而飞。墓室上方有五层房间，为把上面压下的重量均匀分布在两边，所以最高的一层顶盖呈三角形。同时，墓室还有砌筑在石块中的通风道。胡夫金字塔外形庄重、伟岸、朴素，与周围无垠的高地、沙漠浑然一体，十分和谐。它的内部构造复杂，匠心独具，凝聚着非凡的智慧。该金字塔历经数千年沧桑，各种天灾都未使它倒塌、变形，这显示了古埃及不可想象的科技水平与精湛建筑艺术。法老胡夫的棺椁位于墓室中央部位，由镶有金边和贴有金块的大型木料精雕细刻而成，华美异常。棺椁分为两层，上层是法老的全身木制雕像，下层存放法老的木乃伊。陪葬品中有法老心爱的宝剑、宝刀、古埃及式宝船、宝瓶、宝箱，最吸引人的是价值不菲的装有奇珍异宝的四个巨大的百宝盆。两位手持神器的守护神位于棺木前方，四位美丽的侍女位于四角。联合国教科文组织将它列为全世界重点保护文物之一。

哈夫拉所造的金字塔位于中间位置。它比胡夫金字塔略小，但其艺术风格与工程设计的精确性，均可与之媲美。而且由于其建在一块较高的台地上，似乎比前者还雄伟。塔基底长 215.7 米、高 143.6 米，也是用石灰岩和花岗石砌筑的。它所遗存的附属建筑较为完整、壮观，包括以巨石建成的上庙和下庙两座庙宇。金字塔前有一座叫作"斯芬克司"的狮身人面像。它的面部似乎就是古国王第四王朝法老胡夫的儿子哈夫拉的形象，该建筑高 20 米、长 57 米，仅一只耳朵就有两米高。除狮爪是用石头砌成之外，整个狮身人面像是用一块天然

非洲文明

的大岩石凿成的。其鼻部有损伤，传说是在一次战争中被拿破仑的士兵用大炮轰掉的。斯芬克司象征着法老的权力至高无上，不可侵犯。

孟考拉建造的金字塔位于南端，体积最小，但十分精致。它的底边长108.7米、高66.5米。吉萨的这三座金字塔都曾被盗，墓中财宝大都丢失，但它们所展现的古代埃及人民高超的工程技术，每天都吸引着千千万万的各国游客。

古埃及王后的墓室没有法老的墓室规模大，她的棺椁由一块巨大的整体石料雕刻而成，其工艺精湛，异常华丽，里面放置的是王后的木乃伊。她的陪葬物也很丰富，左侧角落有神鹰像、百宝箱及狮身人面像。右侧角落放置着王后使用的梳妆台。

关于金字塔的奇妙传说还能被人接受，但其如此巨大的规模及繁杂的建造过程实在让人充满猜测。胡夫的金字塔是用上百万块巨石垒起来的，每块石头平均有两千多千克重，最大的有一百多吨重。这些巨石是从尼罗河东岸开采出来的，在既无吊车装卸，也无轮车运送的情况下，其运输的困难程度令人难以想象。

被称为"西方史学之父"的希罗多德曾记载，建造胡夫金字塔的石头是从"阿拉伯山"（可能是西奈半岛）开采来的。但专家们现在确定石头大多是在本地开采的，装饰其表面的石灰石是从河东的图拉开采运来的。在当时开采石头并不容易，因为当时人们并无炸药，也无钢钎。古埃及人当时用铜或青铜的凿子在岩石上打上眼，然后插进木楔，灌上水，当木楔子被水泡胀时，岩石便被胀裂。在今天看来，这样的方法也许很笨拙，但在四千多年前，它却是很高超的技术。将石料从采石场运往金字塔工地也极为困难，古埃及人是将石头装在雪橇上，用人和牲畜拉雪橇，为此就需要宽阔而平坦的道路。人们修建运输石料的路和金字塔的地下墓室就用了10年时间。

在建造胡夫金字塔时，胡夫将劳工们分成10万人的大群来替他做工，每一大群劳工劳动三个月。这些劳动者中包括奴隶、农民和手工业者。古埃及奴隶借助畜力和滚木，把巨石运到建筑地点，他们又

113

追溯古文明

将场地四周天然的沙土堆成斜坡，把巨石沿着斜坡拉上金字塔。就这样，堆一层坡，砌一层石，逐渐加高金字塔。古埃及人建造胡夫金字塔花了整整20年的时间。

对于希罗多德这样的说法，也有人提出质疑。但时至今日仍然没有人能给出更为完满的答案。人们不得不佩服古埃及人民伟大的智慧和创造力！

20世纪以来，伴随着飞碟观察和对外星人研究活动的逐步广泛，有人甚至把神秘的金字塔同奇幻的外星人联系起来。他们觉得，在几千年前，人类不可能具备建造金字塔的能力，只有外星人才能完成这一艰巨的工程。专家们经过计算还发现，通过开罗近郊胡夫金字塔的经线恰好把地球分成东、西两个陆地面积相等的半球。这种"巧合"大概就是外星人选择金字塔建造地点的用意。

但关于金字塔的建造，一个名叫戴维杜维斯的法国化学家提出了全新见解。他认为，建造金字塔的巨石是人工浇筑而成的，不是天然的。他从一位考古学家那里得到了五块从埃及胡夫金字塔上取下的小石块，对它们逐个加以化验。出乎意料的是，化验的结果证明，这些石块是由贝壳石灰石组成的。虽然考古证明，人类在几千年前就已掌握了混凝土的制作技术，但这些巨大的石块浇筑得如此坚实，以至很难将它们与花岗岩相区分，这实在令人难以置信。

由此戴维杜维斯推测，当时古埃及人建造金字塔采用的是"化整为零"的办法，即将搅拌好的混凝土装进筐子，抬上或背上正在建造中的金字塔。这样，只要掌握一定的技术，人们就能浇筑出一块块巨石，将塔一层一层地加高，这种做法既"省

力"又省工，据他估测，当时在工地上劳动的人仅有 1 500 人，而不是如希罗多德所说的那样每批都有 10 万人。

更加意外的是，这位科学家还在石块中发现了一缕人的头发。这缕头发或许就是古埃及人辛勤劳动和智慧的见证。但上述这些说法都只是一些推测。

可不管怎样，金字塔在修建中的困难一定是很多的。这必定是依靠当时埃及劳动人民的集体智慧而完成的伟大杰作。将这些问题解决了，金字塔便修起来了，而且屹立了四千多年，这本身就是一大壮举。所以，金字塔是古代埃及人民智慧的结晶，是古埃及文明的象征。

有人认为宇宙射线时刻辐射着地球上的大金字塔，金字塔所用的石块扮演着储存能量的角色。宇宙射线或电磁波在穿透石块的同时，能量也会因石块的厚度不同而呈现出不同的衰减程度。

大金字塔独特的正四角锥体结构，使其内部空间形成了一个很好的和谐共振腔体。源自宇宙的各种射线和人为的电磁波在其内部空间和谐共振，结合汇聚的地磁力，在万有引力的作用下，形成了一个内部能量场。自古相传的"时间惧怕金字塔"，可能就是因为大金字塔内部的能量场表现出阻碍自然进程的现象，即本应该合情顺理发生的进程，当处于大金字塔内部的能量场时，则该进程就被延缓了，甚至有的向相反的方向进行。存于大金字塔内部能量场的动物尸体等有机物不会腐烂，而是成为木乃伊；而如金属物体等无机物又能长期保持光泽。从专业角度看，这是自然进程的氧化被延续，反向还原作用被强化的表现。金属晶体由无序排列又能回归到原先的有规则排列。对于人体，金字塔内的能量场则可以快速消除疲劳，加速体力的恢复；增强人体自身免疫力，促进机体组织细胞自愈。对于微生物如病毒、真菌等，金字塔内的能量场则能抑制其繁殖。

在对胡夫金字塔进行测量研究后，有人提出了许多蕴含在大金字塔中的数字之谜。譬如：

将胡夫大金字塔底面正方形的纵平分线延伸至无穷，这条虚拟的延长线则成为地球的子午线，而且塔的重心正好坐落在各大陆引力的中心。

将大金字塔底面正方形的对角线延长，恰好能将尼罗河口三角洲包括在内，而延伸正方形的纵平分线，则正好把尼罗河口三角洲

平分。

大金字塔的底面周长230.36米，为362.31库比特（古埃及一种度量单位），这个数字与一年中的天数相近。

大金字塔的原有高度为146.5米（现已塌落至137米）乘以10亿，则约等于地球到太阳之间的距离。

大金字塔四个底边长之和，除以高度的2倍，即为3.14——圆周率。

大金字塔高度的平方，约为21 520米，而其侧面积为21 481平方米，这两个数字几乎相等。

从大金字塔的方位来看，大金字塔四个侧面分别朝向正东、正南、正西、正北，误差不超过0.5°。在朝向正北的塔的正面入口通路的延长线上放一盆水，那么北极星便可以映到水盆中。

此外，古埃及人民在数学和天文学方面取得了卓越成就。比如，古埃及人已经懂得用水面定位法来获得精确的地平面数据；古埃及人选择一颗（或几颗）恒星，借助简单器械对它进行仔细地观测，记录不同时期同一恒星在地平线上的出没位置，然后平分从观察点到恒星出没点形成的角就测出了子午线。

当然，也有些学者提出不同观点。他们认为事情并不是那么简单的，因为除了大金字塔外，其他建筑物并没有表现出那么多代表一定科技水平的数字。另外以古埃及当时的知识科技水平能否制造出如此充满谜题的金字塔，实在令人怀疑。

看来，事情确实并不简单，持有不同观点的科学家们仍在对此进行争

论……

　　金字塔是如此的神秘，而当初对于古埃及文明的发掘也充满了传奇。

　　2000年前，我国将罗马人统治的埃及地区称为骊靬、大秦。而依据《圣经》中的记载，信仰基督教的人们对埃及这个国家更是耳熟能详。但当时的人们了解的是作为一个国家的埃及，而对于埃及在历史文化上的真正价值却知之甚少。

　　1798年春季的一天，法国巴黎法兰西学院的大厅里正在举行一次科学家会议。当时的法兰西英雄拿破仑将军来到大厅，面对一大批法国社会各方面的科学文化精英作了一番长篇大论。他正在酝酿一个特殊计划，需要这些科学家。拿破仑在演说的同时，手里还拿着一本尼布尔写的名为《阿拉伯之行》的书，讲到关键之处，他还不时地敲敲这本书的封面。这些科学家被书中描绘的奇妙事物深深吸引。时值当年5月中旬，拿破仑率领一支庞大的舰队出发，他的麾下不但有战舰三百余艘、军队近四万人，还有法兰西科学院的天文学家、数学家、化学家、矿物学家、东方学家、技术人员、画家、诗人、文学家等两百余人，而拿破仑的目标就是埃及。

　　拿破仑和他的军队登上了埃及的土地。在这片被太阳炙烤的土地上，他们看到了"天方夜谭"式的城市，在狭窄的街道上满是熙攘的不同肤色的路人，看到了尖塔林立的清真寺和在夕阳下闪闪发光的巨大礼拜堂的金色圆顶，看到了那些矗立在城外荒漠旷野中高大、枯寂而冰冷的巨石建筑，同时他们也看到了阻拦他们前进的玛穆鲁克王的军队。拿破仑站在吉萨金字塔前已经"沉睡"了几千年的巨大的狮身人面像前，对他的远征军说："士兵们！四千多年的历史在蔑视你们！"而此时的狮身人面像，它的半个身躯已深埋在千年的黄沙中，它头上的鬃毛已经磨平，眼睛也因埃及玛穆鲁克人用它的头做炮靶练习而变成了黑洞。

　　战斗进行得非常激烈。作战之余，拿破仑的将军们也不忘在那些

追溯古文明

豪华得令人瞠目的古城遗址中流连一番。同时，随拿破仑出征的那些科学家、艺术家则在纷纷地忙着测量、搜集、调查和清点他们在埃及土地上所找到的东西。他们当时并没有想到，自己正在从事考古学上空前的壮举——发现埃及。四千多年的历史留给埃及的东西实在太丰厚！法国人用不着去挖掘，因为废弃的城市、国王的陵墓、矗立的石柱、高耸的塑像、巨大的石棺、神秘的木乃伊、耸立的方尖碑和令人扑朔迷离的象形文字到处皆是。在这些人当中，有一位名叫多米尼格·维万·德农的贵族艺术家，他担任绘制说明图的工作。他从进入埃及的那一刻起，就对此地的一切深深着迷。虽然他对古埃及文化所蕴含的价值所知甚少，但凭借敏锐的观察力，他用那娴熟的画笔，画下了他看到的一切。无数被他带回法国的精致画稿，为考古学家研究埃及提供了极为珍贵的资料。世界上第一本关于埃及考古的名著《埃及记述》，就是依据这些画稿而写出的一部系统化的科学著作。此外，由拿破仑的军官发现，并被运回法国的刻有三种古老文字的著名的罗赛塔石碑，也成为后来解开许多古埃及文明之谜的钥匙。20年后，法国一位名叫弗朗索瓦·商博良的天才语言学家正是根据此块石碑成功地释读了埃及象形文字。

拿破仑远征埃及最终以失败告终，但古埃及文明觉醒的序幕，却就此拉开了。这种考察和研究一直持续至今。

小百科

图特摩斯三世是古埃及第十八王朝法老。第十八王朝是延续时间最长，版图最大，国力最鼎盛的一个朝代，图特摩斯三世是这个王朝的集大成者。人们通常认为，是图特摩斯使埃及完成了从一个地域性王国向洲际大帝国的质变。

追溯古文明
美洲文明

追溯古文明

神秘而发达的玛雅文明

关于玛雅文明有许多传说，提到玛雅人，人们的脑海中就会浮现出一群身着鲜艳羽毛服饰的印第安人。的确，玛雅人也是印第安人的一支。玛雅人留下的高度发达的文明遗迹与技艺高超的艺术作品，让今天的人们对这一文明充满了好奇与疑问。

高度发达的玛雅文明

玛雅文明是中美洲古代印第安文明的杰出代表，它的创造者是印第安族的玛雅人，故因此而得名。玛雅文明主要分布在墨西哥南部、危地马拉、巴西、伯利兹，以及洪都拉斯和萨尔瓦多西部地区。他们使用共同的象形文字和历法，其生产力水平、建筑风格和艺术也大体相同。玛雅文明约形成于公元前2500年，公元前400年前后建立了早期奴隶制国家，公元3世纪—9世纪发展到繁盛期，到15世纪时彻底衰落，最后被西班牙殖民者摧毁，此后长期湮没在热带丛林中。但玛雅人在农业、文字、天文、数学和建筑等方面的辉煌成就令世人惊叹不已。他们培育的玉米、土豆、西红柿等，传遍了整个世界。

自从哥伦布发现了美洲大陆，美洲文明开始为世人所知。人们在中美洲连续发现了约一百座玛雅古城，其中最著名的有蒂卡尔、科潘、奇琴伊察、帕伦克和乌斯马尔等。考古学家们考察了这些古城遗址上的金字塔、石庙、石坛、石碑、石柱等建筑。从断壁残垣中，人们可以想象出古代玛雅城市的规模，玛雅人的社会和宗教生活以及他们在天文和数学方面所取得的辉煌成就。然而，这些雄伟的古城到底建于何时？在没有铁器、车马和测量仪器的古代，玛雅人是以什么工具完成这些艰巨工程的？后来玛雅人又为什么抛弃了这些伟大的建筑而遁迹他乡？

1502年，哥伦布最后一次远航美洲，距离他第一次发现"新大陆"恰好10年。船在洪都拉斯湾靠岸，哥伦布和他的船员们在当地的市场上，发现了一种制作精美的陶盆，卖主告诉他们，这种漂亮的陶盆来自"玛雅"。这个神奇的名字，第一次

自从哥伦布发现了美洲大陆，美洲文明才为世人所知，这也给美洲文明带来了毁灭性的灾难

传入欧洲人的耳朵。1519年，西班牙探险家科尔特斯率领西班牙军队横扫墨西哥，征服了正处于文明鼎盛时期的阿兹特克帝国。此时，玛雅文明已近尾声，但在尤卡坦半岛上，还残存着一些玛雅小邦。1526年，一支西班牙探险队前往尤卡坦，试图用暴力在这里建立西班牙殖民地，并强制推行基督教信仰。不肯屈服的玛雅人与入侵者展开了长达百余年的游击战，直到1697年，最后一个玛雅城邦也在西班牙人的炮火中消失了。18世纪末玛雅文明开始引起学术界的注意，19世纪末考古学家们发掘了一批重要的玛雅文明城市遗址，开始了玛雅文明的现代考古学研究。20世纪50年代以后，研究进展较快，形成了专门的玛雅学，玛雅地区成为世界考古学及历史学研究的重要领域。

玛雅人的历史及其文化艺术

玛雅文明的发展阶段，学者们说法不一。据美国考古学家哈蒙德的划分，可分为前古典期、古典期、后古典期三个阶段。

前古典期即玛雅文明的形成期，年代约在公元前2500年—公元250年。在尤卡坦半岛中央佩腾盆地及其周围山谷已出现定居的农业生活，玉米和豆类是主要的作物；由土台、祭坛等组成的早期祭祀中心也已建立，此后出现国家萌芽，并出现象形文字。

追溯古文明

古典期大约在公元 250 年—900 年，玛雅文明进入鼎盛时期，各地较大规模的城市和居民点数以百计，但都是据地自立的城邦小国，尚未形成统一国家。各邦使用共同的象形文字和历法，城市规划、建筑风格、生产水平也大体一致。玛雅文明的主要遗址大多分布在中部热带雨林区。这一时期，蒂卡尔、瓦哈克通、彼德拉斯内格拉斯、帕伦克、科潘、基里瓜等祭祀中心已形成规模宏大的建筑群。蒂卡尔遗址由数以百计的大小金字塔式台庙组成，气势恢宏，蔚为壮观。城区面积达 50 平方千米，居民约四万左右。此时出现大量刻纪年碑铭的石柱，一般每隔 5 年、10 年或 20 年建一座，成为独特的记时柱。公元 800 年—900 年前后，这些祭祀中心突然废弃，玛雅文明急剧衰落。11 世纪以后，玛雅文明中心开始逐渐移向北部的石灰岩低地平原。

大约 1000 年—1520 年是玛雅文明的后古典期，这一时期的文化有浓厚的墨西哥风格。从墨西哥南下的托尔特克人征服尤卡坦，并以奇琴伊察为都城。建筑中出现石廊柱群及以活人为祭品的"圣井"、球场，还有观察天象的天文台和目前保存最完整的高大的金字塔式台庙，崇拜羽蛇神库库尔坎。此后北部的玛雅潘取代奇琴伊察成为后古典期文化的中心。这一时期的陶器和雕刻艺术都较粗糙，世俗文化兴起，并带来好战之风。玛雅潘的统治者与其他城邦结成联盟，用武力建立起自己的统治。1450 年，玛雅潘毁于内部叛乱，此后百年文化趋于衰落。1523 年—1524 年，西班牙殖民者乘虚而入，从墨西哥南下，占领尤卡坦半岛，玛雅文明被彻底毁灭。

1839 年，探险家史蒂芬斯率队在中美洲热带雨林中发现了古玛雅

人的遗迹：雄伟的金字塔、壮观的宫殿和用古怪的象形文字刻在石板上的、高度精确的历法。

考古学界对玛雅文明湮灭之谜，提出了许多假设，诸如外族入侵、人口爆炸、疾病、气候变化等，学者们各执己见，为玛雅文明涂上了神秘的色彩。

为解开这个千古之谜，20世纪80年代末，一支考察队对约二百多处玛雅文明遗址进行考察，最终得出的结论是：玛雅文明是因为内部争夺财富及权势自相残杀而毁灭的。

自从美国人史蒂芬斯在洪都拉斯的热带丛林中第一次发现玛雅古文明遗址以来，世界各国考古人员在中美的丛林和荒原上共发现了一百七十多处玛雅古代城市遗迹，并发现在公元前1000年到公元8世纪，玛雅文明的影响范围北起墨西哥的尤卡坦半岛，南至危地马拉、洪都拉斯，直达安第斯山脉。这个神秘的民族在南美的热带丛林中建造了一座座规模宏大的巨型建筑。当人们将雄伟壮观的蒂卡尔城用电脑做出复原图时，许多现代城市的设计师都自叹弗如。建于公元7世纪的帕伦克宫，宫殿长100米，宽80米。乌斯玛尔的总督府，由22 500块石雕拼成精美的图案，结构非常精确。奇琴伊察的武士庙，屋顶虽已消失，那巍然耸立的1 000根石柱仍然令人想起当年的气魄。这一切都使人感到，这是个不平凡的民族。随着对玛雅文化的进一步考察，人们又惊奇地发现，几千年前的玛雅人竟有着无与伦比的数学

追溯古文明

造诣,有着独特的谜一样的文字。而且奇琴伊察、蒂卡尔、帕伦克等地的巨型建筑也并非出自玛雅人实际生活的需要,而是严格依照神奇的玛雅历法周期建造的。

玛雅文明基本上属于新石器时代和铜石并用时代,玛雅人一直不会用铁,工具、武器全是石制和木制,黄金和铜在古典期的末期才开始使用,他们的农业技术非常原始,耕作简单,不施肥,也不会蓄养家畜,直到玛雅文明后期才有水利灌溉。不同村落和地区间有贸易往来。虽然如此,但玛雅人的建筑工程却达到了古代世界的最高水平,他们能对坚硬的石料进行雕镂加工。玛雅建筑布局严谨、结构宏伟,其金字塔式台庙内以废弃物和土堆成,外铺石板或土坯,并设有石砌梯道通往塔顶。其雕刻、彩陶、壁画等皆有很高的艺术价值。著名的博南帕克壁画表现贵族仪仗、战争与凯旋等,人物形象千姿百态,栩栩如生,是世界壁画艺术的宝藏之一。

玛雅社会曾相当繁荣。农民垦植畦田、梯田和沼泽水田,生产的粮食能供养激增的人口。工匠以燧、石、骨角、贝壳制作艺术品,制作棉织品,雕刻石碑铭文,烧制陶器和绘制壁画,商品交易也非常盛行。但自公元7世纪中期开始,玛雅社会衰落了。随着政治联姻情况的增多,除长子外的其他王室兄弟受到排挤。一些王子离开家园去寻

找新的城市，其余的人则留下来争夺继承权。这种内讧由原来为祭祀而战变成了为争夺珠宝、奢侈品、王权、美女而战……战争永无休止，生灵涂炭，贸易中断，城毁乡灭，最后只有10%的人幸存下来。玛雅文明的毁灭已成为历史，但它留下的警示，值得人类永远牢记。

现在，仍有200万以上的玛雅人后裔居住在危地马拉低地以及墨西哥、伯利兹、洪都拉斯等处。但是玛雅文化中的精华，如象形文字、天文、历法等知识已消失殆尽，未能留给后人。

玛雅人笃信宗教，文化生活富于宗教色彩。他们崇拜太阳神、雨神、五谷神、死神、战神、风神、玉米神等神祇。太阳神居于诸神之上，被尊为上帝的化身。另外，还盛行祖先崇拜，相信灵魂不灭。玛雅的国家机关还管理宗教事务，国家的首都就是宗教中心。

玛雅文明的早期阶段围绕祭祀中心形成居民点，古典期形成城邦式国家，各城邦均有自己的王朝。社会的统治阶级是祭司和贵族，国王世袭，掌管宗教礼仪，规定农事日期。公社的下层成员为普通的农业劳动者和各行各业的工匠。社会最下层是奴隶，他们一般来自战俘、罪犯和负债者，可以自由买卖。玛雅诸邦在社会发展上与古代世

界的初级奴隶制国家相近,但具体情况尚无详细资料。

　　玛雅文字最早出现于公元前后,但是第一块记载着日期的石碑却是于公元292年在蒂卡尔出土的。这时的玛雅文字只流传于以贝登和蒂卡尔为中心的小范围地区。公元5世纪中叶,玛雅文字才普及整个玛雅地区,当时的商业交易路线已经确立,玛雅文字就是循着这条路线传播到各地的。

　　玛雅文明的另一独特创造是象形文字体系,其文字以复杂的图形组成,一般刻在石建筑物如祭台、梯道、石柱等之上,刻、写需经长期训练。现在已知的玛雅字符有八百多个,已有1/4左右的字符被语言学家解译出来。其中除了年代符号及少数人名、器物名外,多未释读成功。这些文字主要代表一周各天和月份的名称、数目字、方位、颜色,以及神祇的名称。文字大多记载在石碑、木板、陶器和书籍上。书籍的纸张用植物纤维制造,先以石灰水浸泡,再置于阳光下晒干,因而纸上留下一层石灰。当时还用树皮纸和鹿皮书写,内容主要是历史、科学和仪典,至今尚无法释读。虽然现代还约有二百万人在使用玛雅语言,而且其文字中一部分象形和谐音字很像古埃及文字和日本文字,若仔细比较,可能会探讨出其中的异同来,但对整个玛雅文字的解译,依然未有大的进展。

　　对于阿拉伯数字,我们一定不会觉得它们有什么神奇之处!只不过是10个数字的排列而已。也许大家不知道,这个"0"的观念是阿拉伯人从印度带到欧洲的。玛雅人至少在公元前4世纪就掌握了"0"这个数字概念,比中国人和欧洲人都早了800年—1000年。他们还创造了二十进位计数法,他们的数字演算可沿用到400万年以后。这样庞大的天文数字,只有在现代星际航行和测算星空距离时才用得上。而几千年前的玛雅人刀耕火种,用树叶遮体,用可可豆作为媒介以物换物,这样的数字演算他们用得上吗?考古学家研究玛雅人的数字系

统时，发现玛雅人的数字表达与算盘的算珠有异曲同工之妙。他们使用三个符号：一点、一横、一个代表零的贝形符号，这就可以表示任何数字。类似的原理今天被应用在计算机的"二进位制"上。这种计数方法，可以用于天文学的数字，在危地马拉的吉里瓜所发现的称为石标的雕刻石柱中，记载着9000万年、4亿年的数字。

玛雅文明的天文、数学达到很高成就。通过长期观测天象，到玛雅人已掌握日食周期和日、月、金星等的运行规律，约在前古典期之末玛雅人已创制出太阳历和圣年历两种历法。每天都记两历日月名称，每52年重复一周，其精

玛雅人的制陶技术十分高超，图中的陶器精巧细致，充分体现了玛雅人的聪慧和勤劳

确度超过同时代希腊、罗马所用的历法。

玛雅人的历法和天文知识究竟精确到什么程度呢？他们把一年分为18个月，他们测算的地球年为365.2420天，现代人测算为365.2422天，误差仅0.0002天，就是说约一万年的误差才仅仅一天。他们测算的金星年为584天，与现代人的测算50年内误差仅为7秒。这是多么令人难以置信的数字！几千年前的玛雅人怎么能有如此精确的计算？玛雅人的历法可以维持到4亿年以后，他们计算的太阳年与金星年的差数可以精确到小数点后的四位数字。然而在这个登峰造极的高度文明诞生之前，玛雅人巢居树穴以采集为生，这样的原始部落怎么能突然产生如此高度发达的文明？即使到了16世纪，西班牙人在古迹遗址遍布的尤卡坦半岛上看到的印第安人，还是住泥巴糊的茅屋，以采集狩猎勉强糊口。显然那种精确的天文历法和数学，那种令全世界景仰的文明、艺术，都远远超出了当地印第安土著那几

近原始生活的实际水平。这使任何人都不能不产生疑问：古代玛雅人为何会拥有如此高深的知识？灿烂的玛雅文化究竟是怎样产生的，后来又为什么销声匿迹？

1952年6月5日，人们在墨西哥高原的玛雅古城帕伦克一处神殿的废墟里，发掘出一块刻有人物和花纹的石板。当时人们仅仅把它当作玛雅古代神话的雕刻。但到了20世纪60年代，人们乘坐宇宙飞船进

由玛雅人创造并使用的日历

入太空后，那些参与过宇航研究的美国科学家们才恍然大悟：帕伦克那块石板上雕刻的，原来是一幅宇航员驾驶宇宙飞行器的图画！虽然经过了图案化的变形，但宇宙飞船的进气口、排气管、操纵杆、脚踏板、方向舵、天线，软管及各种仪表仍清晰可见。这幅图画的照片被送往美国航天中心时，那些宇航专家们无不惊叹，一致认为石板上雕刻的图画就是古代的宇航器。这似乎令人难以置信，但却是确凿的事实。于是，有些学者提出了一种大胆的看法：他们认为，在遥远的古代，美洲热带丛林中可能来过一些具有高度文明的外星智慧生命，他们把各种先进知识教给了尚在原始时代的玛雅人，然后又飘然而去。这些外星智慧生命被玛雅人认为是天神。玛雅文化中那些令人难以理解的高深知识，就出于外星人的传授。帕伦克石板上的雕刻，也是玛雅人对外星宇航员的描摹。外星人离去时，曾向玛雅人许诺他们将来还会重返地球，但在玛雅人期盼祭司预言天神返回的日子里，这些外星智慧生命并未返回。于是导致了玛雅人对其宗教和祭司统治丧失了信心，进而引起了整个民族精神信仰的崩溃，终于使人们一个个离开故乡，各自走散。玛雅文化就这样消失了。也许人们会指责这种看法带有过多的假说意味。但即使否定了这种说法，也仍然无法

圆满地解释玛雅文化神秘的内涵,那众多令人不可思议的奇迹,以及它突然消失的原因。

玛雅的金字塔是仅次于埃及金字塔的最出名的金字塔建筑。它们看起来不太一样,埃及金字塔是金黄色的,呈四角锥形,经过几千年风吹雨打已经有点腐蚀了。玛雅的金字塔稍矮一些,也是由巨石堆成,石头是灰白色的,整座金字塔也是灰白色的,它不完全是锥形的,顶端有一个祭神的神殿。玛雅金字塔四周各有四座楼梯,每座楼梯有91阶,四座楼梯加上最上面一阶共365阶,刚好是一年的天数。除了阶梯数目外,金字塔四面各有52个四角浮雕,表示玛雅的一世纪为52年。

玛雅的天文台也是充满特色的建筑物。以今天的眼光来看,无论是在功能上还是在外观上,玛雅的天文台与现在的天文台都十分类似。以凯若卡天文观测塔为例,它建筑在巨大而精美的平台上,有小的台阶一阶阶地通往大平台。它与现在的天文台有些相似,也是一座圆筒状的底楼建筑,上面有一个半球形的盖子,这个盖子在现代天文台的设计中正好是天文望远镜伸出的地方。底楼的四个门刚好对准四个方位。这个地方的窗户与门廊形成六条连线,其中至少有三条与天文相关。其一与春分、秋分有关,另两个与月亮活动有关。

追溯古文明

这座凯若卡天文观测塔是遗迹中最大的天文观测塔，其他遗迹中也有类似的建筑。他们在位置上都与太阳及月亮对齐，近年来考古学家认为古时候玛雅的天文学家建立了一个地区性的天文观测网。

这些建筑物以今天的角度看也足以令人称奇。以玛雅金字塔来说，如何切凿巨大的石块，将其搬运到丛林的深处，再把一块块十几吨的石块堆积起来，堆高至70米处，要是没有先进的交通工具及起重设备，是难以完成这项工作的。而生活在丛林里的民族，为什么要花这么大的功夫，建立一个天文观

位于奇琴伊察的玛雅天文台

测网？在欧洲，望远镜是伽利略于16世纪时才发明的，接着才有大型天文台的出现，而天文观测网的观念是近代才出现的，这样的观念可以说是相当先进的。由此可以肯定的是，玛雅人当时的科学与今天相比毫不逊色。

玛雅文明神秘消亡

玛雅文明最大的谜是为何从热带雨林的丛林深处突然消失？在公元600年时，整个玛雅民族离开了辛苦修建的城池，舍弃了富丽堂皇的庙宇、庄严巍峨的金字塔、雕像整齐排列的广场和宽阔的运动场。玛雅文明开始衰微的最明显征兆是不再雕刻石碑；以蒂卡尔而言，当地最后一块石碑完成于公元869年，整个玛雅文明区最后一块石碑则完成于公元909年。不仅如此，神殿、宫殿等最足以代表玛雅文明的建筑也不再兴建，彩陶也不再制作，一般民众也很少兴建新房舍，城市四周的人口急剧减少。

蒂卡尔城位于危地马拉东北部

美洲文明

的佩腾丛林中，它是玛雅文化的中心之一，这座城市面积达 50 平方千米。城中央是祭祀和行政中心，附近建有台庙、宫殿等建筑群。这些建筑充分展示了玛雅文明的瑰丽和辉煌。大约在二千六百多年前蒂卡尔还毫无名气，当时的玛雅文明正处于前古典时期，但它后来崛起为低地中部重要的贸易中心，成为玛雅文明于公元 8 世纪进入古典时期的典型代表。刻有象形文字的、庄严的石碑或纪念碑、迷宫似的宫殿和宏大的神庙，这些都展示出这座城市的磅礴气势。

玛雅面具

公元 8 世纪以后，玛雅人居然任由枯草蔓藤侵入城市的住宅和街区，蒂卡尔变成了一片废墟。究竟发生了什么重大变故，使得玛雅人抛弃了美丽的家园？虽然历史上也常有民族因战争而灭亡，但历史学家认为玛雅人的城市既不是毁于战火，也不是毁于天灾。

据说，玛雅人在公元 909 年的一天，80% 的人口突然消失了，仅留下未建好的寺院。然后，自那天起，祖先的睿智也急速消失，残留下来的玛雅人开始变得无知且颓废。他们一边叹息，一边为执法人的消失而悲伤。

从 10 世纪初期开始至 1492 年发现美洲大陆约六百年的时间里，中美洲的居民深陷于因无知而起的战争，以及颓废的深渊中。

在蒂卡尔遗址上，考古学家发现许多覆盖于岩石及崩塌的拱形屋顶之下的坟墓，却未发现任何修复的迹象。附近神殿和宫殿的壁画也受到严重的破坏，石雕人像的脸部多半被削掉，石碑也被移做其他建筑之用。这些现象证实有外族入侵，玛雅人根本来不及抵抗便溃退了。也有一些学者认为在尤卡坦半岛，玛雅人在西班牙人入侵之前，就因流行病与内乱衰亡了，可是有关公元 9 世纪时丛林玛雅帝国的灭亡，却至今毫无线索可寻。

131

追溯古文明

　　有学者认为是因为玛雅帝国城内粮食不继。建于丛林中的玛雅帝国在发觉此地无以为生后,便进行了一次种族大迁徙,来到奇琴伊察定居,又绵延两个世纪才灭亡。也有学者认为,玛雅帝国外受游牧民族的袭击,内部则因发生动乱,整个帝国在遭受巨变后,居民溃退逃散,然而为何胜败两方都走得无影无踪?没有人能够找到合理的答案。

　　玛雅文明消失的原因众说纷纭,大多数人相信当时遭受地震、飓风的侵袭,加上人口爆炸、粮食不足、农民暴动和异族入侵等原因,造成玛雅文明的衰亡。但是,确凿的答案还未出现,还有待后人去努力探索。

小百科

　　蒂卡尔是玛雅古典时期最大的城邦,此时玛雅的文明中心已从南部移到中部。蒂卡尔城市共有3 000座以上的金字塔、祭坛、石碑等遗迹。仅在其中心区域,就有大型金字塔十几座,小型神庙五十多座。

美洲文明

追溯古文明

兴盛时期的阿兹特克文明

阿兹特克文明的由来有一个非常神秘的传说。阿兹特克人受到太阳神的指示，从遥远的北方来到特斯科特湖，当他们来到湖中的岛屿时，看到了一个神奇的景象：一只叼着蛇的老鹰停歇在仙人掌上。从此，他们就把这个岛当成自己的家园，逐渐形成了阿兹特克文明。

阿兹特克文明简介

阿兹特克文明是生活在古代墨西哥的阿兹特克人所创造的印第安文明，是美洲古代三大文明之一，主要分布在墨西哥中部和南部，14世纪初形成，1521年被西班牙人毁灭。

阿兹特克人原属纳瓦语系发展水平较低的一个部落，后来因融合了其他印第安部落的优秀文化而迅速兴起。11世纪—12世纪，阿兹特克人从北方迁入墨西哥中央谷地，1325年建造特诺奇蒂特兰城。1426年，阿兹特克同特斯科科、特拉科潘结成了"阿兹特克联盟"，由阿兹特克国王伊兹科亚特尔任首领，国力渐渐强盛，在谷地建立起霸主地位。继承人莫克特祖玛一世及其后的国王不断对外扩张，至16世纪初发展到极盛时期，其疆域东西两面已抵墨西哥湾和太平洋沿岸，北与契契梅克为邻，南至今日的危地马拉，人口约三百万。1519年，西班牙殖民者利用印第安

133

追溯古文明

人的内部矛盾,进攻阿兹特克,其国王莫克特祖玛在入侵者面前软弱无能,最后沦为西班牙殖民者的傀儡,于1520年6月劝人民投降时被群众击伤而死。科尔特斯在所谓"悲惨之夜"侥幸逃命后,又于1521年卷土重来。在新国王库奥特莫克率领下,阿兹特克人与攻城的西班牙殖民者展开生死较量,最后由于粮水匮乏加之天花肆虐而失败。1521年8月,特诺奇蒂特兰被西班牙人占领,侵略者在城中大肆屠杀,并将该城彻底毁坏,后在其废墟上建立墨西哥城。

阿兹特克文化

阿兹特克文化的发展受玛雅文化的影响较大。与其他美洲印第安人一样,阿兹特克人主要的谋生手段是农业。玉米是主要农作物。手工业和冶炼业也很发达。文雅的服饰、精美细致的棉织品、精良素雅的陶器、各种青铜制品,无不闪耀着阿兹特克文化独特的光芒。阿兹特克文化的发展促使这个最晚进入"墨西哥峡谷"的部落得以快速兴起并凌驾于周围其他部落之上,成为该地区显赫一时的霸主。

继特奥蒂瓦坎之后,图拉也日渐衰败,唯有托尔特克人的势力日益强盛,并逐步向四周拓展,其中的一支流落到阿兹特兰(意为"苍鹰栖息之地"),并在此建立了都城,人们便称他们为阿兹特克人,即"苍鹰栖息之地的居民"。

阿兹特克人的首领莫克特祖玛有两个儿子,他临终时把都城交给了长子圭斯特卡斯管辖。幼子墨西为了避免与兄长发生冲突,加之怀念故土图拉城,遂于1069年率领七个氏族从居住地出发南下。

1146年,他们终于回到了故乡图拉。然而,这时的图拉早已被其他部落占领。阿兹特克人在图拉住了20年,虽然付出百般努力,但最终还是没能收复故土。然而他们又不甘于被统治,于是，便决定继续南下，深入墨西哥峡谷内部，继续寻找新的安身之地。经过一段时间的长途跋涉，最终在恰布特贝克地区定居。阿兹特克人经过多年的开发，使恰布特贝克变得生机盎然。这引起了附近德巴纳克部落的恐惧。德巴纳克人联合了另一个部落，在一天夜里偷袭了阿兹特克人。毫无防备的阿兹特克人被杀得七零八落，最高首领也被俘遇害。劫后余生的人们只好逃到一个新的地方重新聚集起来，选出了新的最高首领，名叫特诺契。后来阿兹特克人在其首领特诺契的带领下沿着一条小河来到了特斯科科湖中的一个长满芦苇的小岛上。次日清晨，特诺契和一名祭司登上高处观察地形，看到芦苇深处有一片空地，有两股泉水冒出地面，形成一红一白两条小溪。两人顺着溪流而下，走了没多久，看到溪水在一块大青石处汇合。令他们吃惊的是，在青石上居然长着一棵巨型仙人掌，顶端立着一只双翅展开，口衔一条青蛇的老鹰。它先是静止不动，看见有人来了竟频频点头致意。见此情景，首领和祭司也连忙躬身还礼。然而，就在这时，忽听"扑通"一声，祭司跌入水中，随即消失在浪花里。特诺契见状，惊恐万分，急忙拨开芦苇去搭救，却未见祭司的踪影。这时，大家正在翘首盼望，见首领归来，连忙上前询问。当他们得知事情的原委后，都很诧异，不知吉凶。正当他们一筹莫展之际，祭司却突然出现在人们眼前。众人又惊又喜，忙围拢过去，只见祭司满脸喜气，有声有色地讲述落水后的情景。据说他受特拉洛克神的邀请，前往拜谒，受到了殷勤款待，并说神祇指派他来迎接众人，欢迎他们在此岛定居。阿兹特克人听到这里，欢呼雀跃，便决定以岛为家。后来他们又连接了附近的另一座小岛，发展成为一座城市，人们称之为特诺奇蒂特兰，即"石上仙人掌之地"。

为了纪念第一任首领墨西，阿兹特克人便称这座城市为墨西哥，即"墨西之地"。这个古老的名称一直沿用至今。

追溯古文明

特诺奇蒂特兰城有近两百年的历史,它是阿兹特克人勤劳和智慧的结晶。它四面环水,青波涌动,城内建筑宏伟,仅金字塔就有四十余座。全城红墙碧瓦,草木扶疏,阳光照耀之下,绚丽多彩,宛如一座"水上花园",令人神往。

据墨西哥史学家考证,1521年时,特诺奇蒂特兰已有八万多人口。以今天的标准看,这不过是个极平常的小镇,但在16世纪时,欧洲只有巴黎、那不勒斯、威尼斯和米兰四个城市人口超过10万。而当时的"海上霸主"西班牙,也没有出现一个人口超过8万的城市。

特诺奇蒂特兰城的城市建设有着长远的规划,并非盲目、自流地发展。首先阿兹特克人在岛中央建起庙宇,并以此为中心修建两条交叉大路,将全城分为四个市区,14个氏族分区居住。1454年市内开始大规模修建,大型建筑物多集中在城市的中心地区,其中以特拉德洛尔克神庙和大庙两大建筑最为宏伟。特拉德洛尔克神庙是一座高35米的大型金字塔,与托尔特克人的金字塔式样相同,塔基很高,有两排120级的台阶。塔上一侧是战神——乌依特希洛波特里神庙,另一侧是特拉洛克神庙。两神庙之间有一块浮雕圆石,传说是举行人祭时挖心用的。大庙是一组建筑群,从阿兹特克人定居后便开始修建,后

美洲文明

来经过一百多年的不断扩建，到1487年时才完成。它包括78座四周环绕院墙的宫殿。宫墙上按图拉文化的传统布满了羽蛇浮雕，十分壮观。大庙不仅是全市的中心，也是全城的最高点。陪衬大庙的还有附近的几座庙宇。此外，在城市中心还有一个球场，据说阿兹特克人所喜爱的这种运动与今天的足球运动十分相似。那里还设有供"贵族"子弟们习文演武的学校。大庙以外的房屋建筑从高到低依次排列，以大庙为中心逐渐向四面八方伸展直至湖边。

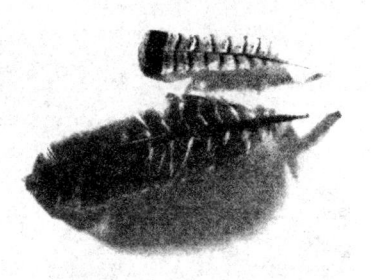

酋长和贵族的住所是市中心的宫殿，宫殿的屋顶极高，有几个较大的院落，主要的一个院子里设有祭台。殿内住房都是建在很高的台基上的平房。房屋由石块砌成，外面涂有白色胶泥，十分光滑。屋顶上是一个平台，四周建有齐胸高的矮墙，可供休息或欣赏日升月落的景色。普通居民的房屋都离市中心较远。虽然这些房屋比贵族们的住宅小得多，但每家每户也都有一个院落，院子里种满了花草，这是特诺奇蒂特兰居民的传统。四季盛开的鲜花，郁郁葱葱，装点着特诺奇蒂特兰城。

特诺奇蒂特兰的城市建设有两大工程，至今令人叫绝。一是防洪

137

追溯古文明

大堤。因为特诺奇蒂特兰四周环水，每当春、夏之季，雨水特别多时，易造成水灾，阿兹特克人为抵挡洪水便在岛的四周修筑了一条长十余千米的大堤，并设有专人负责领导沿岸居民保护果园和菜园，免遭水淹。另一大型工程是引水渡槽。因为湖水盐分过多，水味咸苦，居民们饮水只能依靠岛上的几处泉水供给。伴随城市的持续发展，水源日渐匮乏，阿兹特克人决定从陆上其他部落境内引水到岛上来。得到当地友好部落的允许后，在用木槽引水不成的情况下，改用石灰和石块建槽。他们先在陆地和湖岛之间的水底打下两排等距离的木桩，再向木桩间投入石块，修成一条宽十余米的湖中大道，有人称之为堤道。堤道高出水面二米，每隔一定距离留一个缺口，使湖水、船只自由通过，缺口上面铺着木板，使堤道相连，遇到紧急情况时，可迅速抽掉这些木板。据说这项工程历经 12 年才完成。

小百科

14 世纪—15 世纪阿兹特克人创造了一个伟大的文明。系统的教育制度、精确的天文历法和精湛的建筑艺术都令人赞叹不已。虽然这个文明已成为过去，但它所创造的辉煌成就仍在历史的星空中熠熠生辉。